仙台領に生きる

郷土の偉人傳 II

古田　義弘

表紙イメージイラスト　かつて「牡鹿湊」と呼ばれた石巻港の鳥瞰図　古田義弘作

目次

第一章　誰が為に

第二章　海を渡る

第一章

誰が為に

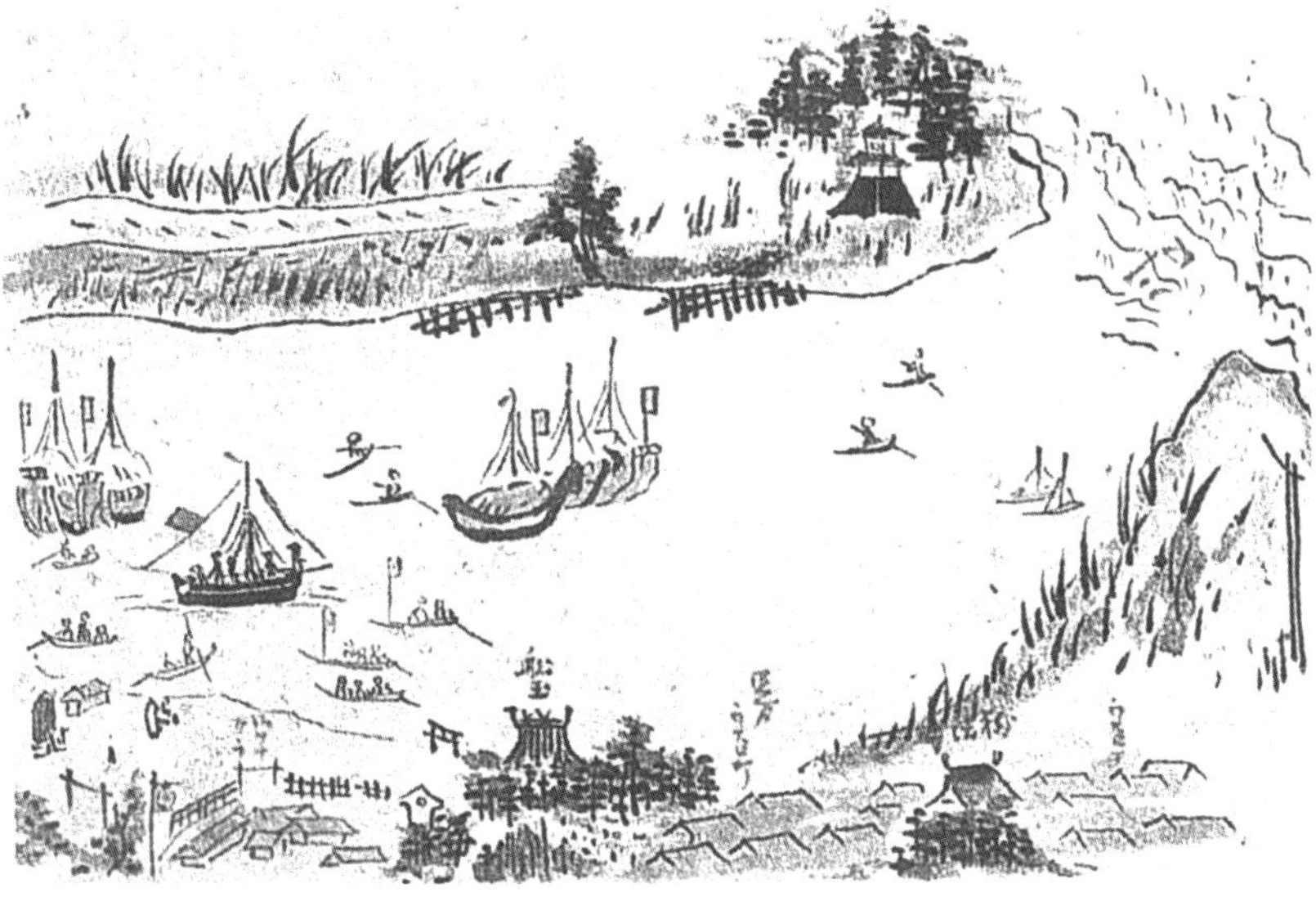

『異国船石巻渡来図』1855年（安政2）アメリカ東インド艦隊のビンセンス号が石巻に入港
（『仙台市史』近世⑤より）

1　千　嘉代子（せん・かよこ）

裏千家第十四代宗室と結婚

千嘉代子（せん・かよこ）（一八九七〜一九八〇）本名かよ。享年八四歳。仙台市元寺小路の伊藤家に生まれた。一九一五年（大正四）に東華高等女学校を卒業後、一九一七年（大正六）に茶道裏千家第一四代宗室《そうしつ》（淡々斎《たんたんさい》）と結婚。一九四七年（昭和二二）には財団法人国際茶道文化協会理事、一九四九年財団法人今日庵理事、一九五二年社団法人茶道裏千家淡交会理事に就任。その後、一九六四年（同三九）から茶道裏千家淡交会名誉理事長や財団法人国際茶道文化協会理事長も務めた。

日本国内の茶道の振興に努め、青年層を中心とした国民各層への茶道の普及や茶道精神の浸透に尽力《じんりょく》した。また、国外でもアメリカやイギリスなど十ヵ国に茶道同好会を設け、茶道を海外に紹介するとともに茶道を通した国際交流に

千　嘉代子

▼東華高等女学校（とうかこうとうじょがっこう）

同志社を設立した新島襄が初代校長のキリスト教系男子校「東華学校」（明治十九年設立、同二十五年廃校）の敷地に、一九〇四年（明治三十七）私立東華女学校として開校。翌年東華高等女学校と改称。一九二二年（大正十一）に県立移管後、廃校となり、生徒は宮城県第二高等女学校に編入された。戦後は県立第二女子高等学校に改称。平成二十二年から男女共学の県立二華高等学校となる。

▼裏千家（うらせんけ）

本家裏の隠居屋敷を継承したのが名前のいわれ。千利休を始祖とする茶道千家流の一派で、千宗旦の第四子、仙叟千宗室の家系。うらりゅう。千家の本家が表千家。表と裏の違いは茶道の作法の違いによる。

も大きな役割を果たした。

仙台市においては、一九六二年（同三七）の仙台市民図書館開館の際、「裏千家家元千嘉代子文庫」を寄贈したほか、瑞鳳寺（青葉区霊屋下《おたまやした》）の茶室瑞新軒《ずいしんけん》・桑庵《そうあん》の建立や良覚院丁《りょうかくいんちょう》公園の茶室緑水庵《りょくすいあん》、大年寺山《だいねんじやま》公園内の茶室仙庵《せんあん》の整備の際には、多大な支援を行った。

茶のみち、千嘉代子

茶道は、日常生活の俗事の中に、美しいものを崇拝することに基づく一種の儀式であって、純粋と調和、相互愛の神秘、社会秩序のロマン主義を譲り教えるものであると言われる。

茶は、初めは薬用として用いられ、後に飲料水となったもので、中国においては八世紀ころから高雅《こうが》な遊びの一つとして詩歌《しいか》（漢詩）の域に達していた。十五世紀になると、日本ではこれをさらに高めて審美的《しんびてき》（自然や造形の美を識別する）宗教としての茶道にまで進化させた。仏教徒の間では、道教の教えを

▼今日庵（こんにちあん）
千宗旦（せん・そうたん）の作った一畳台目（最も狭い草庵の茶室）の茶室。京都裏千家にあり、裏千家の庵号となっている。

▼瑞鳳寺（ずいほうじ）
仙台市青葉区霊屋下（おたまやした）の経ケ峯（きょうがみね）にある臨済宗妙心寺派の仏教寺院。山号は正宗山。開基は仙台藩二代藩主・伊達忠宗。

▼道教（どうきょう）
中国において儒教、仏教とともに三教の一つをなす宗教。創唱者のいない自然宗教であり多神教である。

東華学校本館。1887 年（明治 20）完成

多く交えた南方の禅宗が茶の儀式を組織し、十五世紀に日本の茶の湯となった。

足利時代（室町時代）には、将軍足利義政《あしかがよしまさ》の奨励《しょうれい》するところとなり、将軍や武将たち、中でも織田信長、豊臣秀吉らの支持を受け、千利休が秀吉に仕えることによって茶道に新しい境地《きょうち》を開いた。これが千家流の基礎となった。

千利休は当初、泉州堺《せんしゅうさかい》（大阪府堺市）の優れた茶湯者の一人として、織田信長のお茶頭に召し抱えられ、六十一歳の時には秀吉に仕えて御茶頭となった。一五九一年（天正一九）、七十歳で秀吉から死を命ぜられるまでの十年間、利休は茶道に数々の工夫を凝らし、茶の道の改革を図り、「利休流」という新しい茶道を開いた。利休の子の宗旦《そうたん》には三人の男子があり、茶道三家を成した。表千家宗左、裏千家宗室、武者小路千家宗守である。この中の裏千家は、十五代宗興が家道を嗣《つ》いでおり、二百万の会員・門弟を持つ「淡交会《たんこうかい》」を組織、世界規模で発展している。十四代淡々斎は少壮にして宗家を継ぎ、幾多の苦難を経て先代の偉業をますます盛んにした。

殊に第二次世界大戦の痛手を受けながらも、茶道を守り続け、今日庵を築き上げた。

▼禅宗（ぜんしゅう）
インドの座禅瞑想の伝統を受け継ぎ、中国で成立した。ブッダの追体験を通して開悟を目指す仏教の一派。

▼足利時代（あしかがじだい）
室町時代の別称。足利氏による武家政権の時代を指す。三代将軍足利義満が京都に「室町殿」を造営して以来、ここで幕府政治を行ったことから初代将軍足利尊氏、二代将軍足利義詮（よしあきら）にさかのぼって足利政権の時代を指すようになった。

▼千利休（せん・りきゅう）
安土桃山時代の茶人。和泉国堺（現大阪府）に生まれる。十七歳で武野紹鴎（たけの・じょうおう）に茶の湯を学ぶ。二十四歳頃に剃髪（ていはつ）して宗易（そうえき）と号した。一五九一年（天正十九）正月、豊臣秀長の病死がきっかけで利休処罰が表面化し、蟄居（ちっきょ）を命ぜられた。再び上洛した利休は二月二十八日、聚楽屋敷にて自刃した。利休の孫の千宗旦（そ

うたん）は、祖父の死を茶の湯に殉じたものと受け止め、侘人の姿勢を貫いてその子息たちを教育し、後世の三千家（さんせんけ）の基礎を盤石なものとした。

▼茶頭（さどう）

茶の湯ともいう。大名に仕えた茶頭・茶堂（さどう）と区別して、茶道は「ちゃどう」と読む。

▼薙刀（なぎなた）

刀剣の一種。刃先が反り返った刀で、中心を長くして長い柄をつけたもの。平安時代の末ころから歩兵や僧兵が用いたが、江戸時代には武家の女子の武道として発展した。

▼月琴（げっきん）

胴が満月のような形で、音が琴に似ている。中国やベトナム、日本のリュート属の撥弦楽器。ハープ、ギター、三味線の類。

▼八橋織（やつはしおり）

斜文様の表裏の組編みによって方形ないし長方形の市松模様を表した綾織物。仙台市および山梨県甲府市が主な産地。

女性第一号、仙台市名誉市民に

千嘉代子は、叔母の幾久寿に子どもがいなかったことで九歳の時に養女となった。嘉代子の生家である伊藤家は、仙台藩の家老職を務めた家柄である。祖父為治は伊藤一覚の養子として本郷家から婿入《むこい》りした人で、のち機業家《きぎょうか》として仙台平や八橋織をつくり、各地の博覧会で入賞するなどしてその名を広めた。為治の業績を称える碑《ひ》が北八番丁の満勝寺に建てられている。為治には一男二女があり、長男は清慎、長女は千代、次女が幾久寿である。

幾久寿は、一八五三年（嘉永《かえい》六）仙台に生まれ、幼少の頃から武道（薙刀）、舞踊、音楽（月琴）を学んだ。薙刀は名人の域に達し、舞踊は九代目市川団十郎から教えを受け、唄と踊は天下一品とまで言われた。戊辰の役の時には男装して城に立てこもり、女ながらも国難に殉《じゅん》ずる覚悟を持っていたという女丈夫であったという。

裏千家に入門したのは主人との死別後で、三十五、六歳の頃だった。それ以来、六十余年の間、茶道の功を積み、「今日庵名誉教授」の称号を贈られた。門

▼仙台平（せんだいひら）
仙台市で生産されている高級絹織物。江戸から現在に至るまで袴（はかま）地の最高級品として知られる。二〇〇二年（平成十四）七月八日に「精好仙台平」として重要無形文化財に指定された。

嘉代子の若い頃

伊藤幾久寿

弟は数千人に達している。

　さて、嘉代子と利休子孫の千家とも縁の糸は、結ばれるべくして結ばれたものではなかっただろうか。千家興隆の蔭の力となった夫人、嘉代子こそ、伊達政宗の命の恩人に報いる使命を持って生まれてきたと言えまいか。十三代円能斎は、仙台で家元の直々の指導に来仙の折り、幾久寿の養女嘉代子の才能と美貌を知り、子息淡々斎の嫁にと懇望した。一九一五年（大正四）六月、淡々斎の仙台出張があり、市の公会堂で献茶会が行われたが、その時初めて嘉代子を知り、千家から改めて婚姻の申し入れがあった。一九一七年二月二十日、めでたく慶事が行なわれた。新郎二十四歳、新婦二十歳であった。

　夫は茶道のほか、社会活動、公職などで藍綬褒章、京都文化功労者、服装研究に功あることが認められ、「着物博士」の称号を授けられた。

　また、一九六九年（昭和四十四）、郷里仙台において、市制施行八十周年を祝って式典が行われ、座主千嘉代子夫人が十三人目で女性としては初の仙台市名誉市民に推挙された。県民会館に二千人が出席し、華やかな雰囲気に包まれた。

　女性で仙台市名誉市民に推挙されたのは、現在でも千嘉代子ただ一人である。

一九七五年（昭和五〇）には、京都市名誉市民に推挙され、一九七八年（同五十三）には勲三等瑞宝章を受章している。

嘉代子夫人は敬神崇祖の念厚く、毎朝夕刻休堂清寂庵に拝礼することを怠らず、また帰郷の折は必ず生家の墓所に詣でることを忘れなかったという。この深謝は茶道を学び門下たちにも無言の教えを示したと言えよう。子女に恵まれ、欠くるところのない幸福な人生を送っていると思われた夫人にとって、何より遺憾だったことは、一九六四年（同三十九）九月七日、北海道に出張中だった夫淡々斎が、阿寒湖畔の旅館で倒れ、急逝したことである。

淡々斎と嘉代子夫人の間には三男二女があり、長男・鵬雲斎は十五代宗匠として海外にまで活躍の場を広げている。長女・塩月弥栄子は才女の誉れ高く、その名を知らぬ者はいないほどの有名人であった。次男・嘉治は納屋姓、三男・巳津彦は大谷姓を名乗り、利休のゆかりの姓家を継いでいる。

嘉代子の夫・淡々斎が亡くなった一九六四年九月七日からちょうど十六年後の一九八〇年（昭和五十五）九月七日、くしくも夫の命日と同じ日に、嘉代子はその生涯を閉じた。

▼藍綬褒章（らんじゅほうしょう）
褒章の一つ。教育・衛生・殖産開発などに関して公衆の利益を興し、成績顕著な者または公同の事務に勤勉し労効顕著な者に授与される。

▼仙台市名誉市民（せんだいしめいよしみん）
仙台市では、学術・文化など様々な分野において、特に顕著な功績を残し、なおかつ仙台市民にゆかりのある人物に対し、その栄誉をたたえて名誉市民の称号を贈っている。一九四九年（昭和二四）五月に行われた仙台市政六〇周年記念式典において、本田光太郎、志賀潔、土井林吉（晩翠）の三人が初の名誉市民に推挙され、称号が贈られた。

2 井上 成美（いのうえ・しげよし）

最後の海軍大臣は仙台出身

井上 成美

日本で最後の海軍大臣となった井上成美（いのうえ・しげよし）（一八八九〜一九七五）は、大日本帝国憲法が発布された年、仙台市東二番丁三十七（現青葉区北目町、仙台中央郵便局辺り）で、父・井上嘉矩《よしかね》と母・元の八男として生まれた。享年《きょうねん》八十七歳。

維新前、父の嘉矩は、幕府直参（勘定奉行請方）だった。数理《すうり》に長けていた嘉矩は、出島《でじま》にいたオランダ人技師から土木技術を学ぶため、幕府によって長崎に遊学した。主務は灌漑用の水路や橋、堤などの修築の諸費を調査し、請負を受け付けて費用を実施することだった。

明治維新後、嘉矩は大蔵通商大令吏に任ぜられた。名県令《けんれい》と謳《うた》われた松平正直が宮城県令になるや、上級官吏《かんり》となって仙台に赴任《ふにん》することになった。県庁

▼直参（じきさん）
江戸時代、将軍直属の家臣で一万石未満（旗本・御家人）の総称。直臣（主君に直接に属する家臣）に対する語に「陪臣」（ばいしん、又家来）がある。

▼勘定奉行（かんじょうぶぎょう）
幕府の財政と直轄領を管理する重職。通常四名が旗本から選任される。直轄領での沙汰を扱う「公事方」と、財務担当の「勝手方」がある。

▼灌漑（かんがい）
農作物に必要な水を耕作地に供給すること。日本では稲作の導入直後から灌漑が実施されている。

▼米内光政（よない・みつまさ）（一八八〇～一九四八）
海軍大将。政治家。盛岡出身。一九一四年（大正三）海軍大学校卒業。横須賀鎮守府長官などを経て、一九三七年（昭和十二）林内閣の海相。次いで第一次近衛内閣、平沼内閣にも海相として留任。海軍内部では英米協調派とみられ、日独伊三国同盟には慎重だった。一九四〇年（昭和十五）一月米内内閣を組閣、同時に自ら予備役に編入。太平洋戦争開戦には反対だった。東条内閣退陣後現役に復帰し、小磯内閣に副総理的な立場で海相として入閣。鈴木内閣にも留任し、海軍をまとめ、終戦を迎えた。戦後も東久邇宮（ひがしくにのみや）、幣原（しではら）内閣で戦後処理に当たった。

喜久代と結婚

勤めが始まって間もない明治八年、病弱な妻花子は三男一女を生んでから二十七歳の若さで他界し、北山の光明寺《こうみょうじ》に葬《ほうむ》られた。

この花子の病没《びょうぼつ》からわずか一ヵ月半後、父嘉矩は、東北の名門である石川家から、やがて成美《しげよし》の母となる二十歳の元《もと》を後妻に迎えることにした。元の生まれた角田《かくだ》の町は、かつて養蚕《ようさん》で大いに栄えた歴史がある。元の実家・石川家は、角田に本拠を持つ一万二千石の元大名で、伊達一門に連なる名家だった。しかし、この時すでに徳川幕府は倒れており、武門《ぶもん》の格式を誇る現況にはなかった。

ちなみに、この角田からは太平洋戦争を終結に持ち込むために、当時の米内光政海相（盛岡出身）と海軍次官の井上成美の下で奔走《ほんそう》した海軍軍務局次長（後の軍務局長）保科《ほしな》善四郎大佐（後に中将《ちゅうじょう》）が出ている。保科は強い東北訛《なま》りがあり、訛りの強い挨拶《あいさつ》は有名だった。戦後、郷里の角田に戻り、衆議院議員（四期）に当選した。

海軍左派トリオ誕生

一九三六年（昭和十一）十一月、井上の海軍省兼軍令部出仕と前後して、十月に米内光政《よないみつまさ》が連合艦隊司令長官に任ぜられた。一方、永野修身《ながのおさみ》海軍相の下で海軍次官を務めることになったのが、航空本部長の山本五十六だった。

緒方竹虎は、その著『一軍人の生涯』の中で、「山本五十六が永野の下で海軍次官に起用されたことは、まさに海軍立て直しのきっかけをつくるものであった」と書いている。海軍軍務局長は、日本海軍の要《かなめ》となる役職である。

井上が軍務局長に就任した一九三七年（昭和十二）十月当時は、日中戦争の最中であり、日本海軍にとっても日々難題が山積みの時期でもあった。海軍が「日独伊三国同盟」に反対する理由は、国軍という根本観念から発する。具体的には、自動参戦の問題であり、たとえ締結国《ていけつこく》が他国より攻撃された場合においても自動参戦は絶対に不賛成であり、これだけは最後まで堅持《けんじ》して譲らなかった。

後に三国同盟に日本海軍が賛成することになった経緯について、率直な論議がたたかわされたようだ。井上は、海軍首脳（二十九名）の席で三国同盟阻止に賭《か》けた話として、後の記事に載っている。「…先輩を前にして甚《はなは》だ失礼ながら敢《あ》えて一言申す。過去を顧みるに海軍が陸軍に追随《ついずい》せし時の政策はことごとく失敗。二・二六事件を起こす陸軍と仲良くは、強盗と手を握るが如く。同盟締結し

▼山本五十六（やまもと・いそろく）（一八八四〜一九四三）

海軍軍人（元帥）。新潟県長岡生まれ。一八七〇年（明治三）海軍兵学校卒業。航空本部技術部長、第一航空本部長になり、航空機の開発、航空戦力の拡充に尽力。一九三六年（昭和十一）海軍次官となり、米内内閣を補佐。陸軍の日独伊三国同盟に反対した。一九三九年連合艦隊司令長官となり、対米開戦には批判的であったが、真珠湾攻撃を断行。ミッドウェー海戦に敗れ、ブーゲンヴィル上空で搭乗機が撃墜されて戦死。死後、元帥となり国葬が行なわれた。

▼緒方竹虎（おがた・たけとら）（一八八八〜一九五六）

大正・昭和期の新聞人。政治家。山形生まれ、福岡で育つ。早稲田大学卒業。朝日新聞編集局長、主筆を経て副社長。内閣情報部参与なども務めた。小磯内閣の国務相兼情報局総裁。戦後、東久邇宮内閣の内閣書記長官。A級戦犯に指名されるが解除。政界復帰し、自由党から

後継者と見なされていたが、心臓衰弱で急逝した。衆議院議員に当選。第四、第五次吉田内閣の副総理と保守本流の形成に尽力。吉田総理の退陣後は自由党総裁となる。一九五五年（昭和三十）保守合同を推進し、鳩山一郎の後継者と見なされていたが、心臓衰弱で急逝した。

▼三国同盟（さんごくどうめい）
日本・ドイツ・イタリア三国間に結ばれた軍事同盟。一九四〇年（昭和十五）成立。

▼二・二六事件
一九三六年（昭和十一）二月二十六日から二十九日にかけて、皇道派の影響を受けた陸軍将校らが千四百八十三名の下士官兵を率いて起こした、日本で初めてのクーデター事件。

▼裁可（さいか）
君主が臣下の奏上を親裁・許可すること。勅裁。

▼予備役（よびえき）
現役を終えた軍人が、その後一定期間服する常備兵役。必要に応じて招集される。

ても、もう少ししっかりしてもらいたかった。陸軍と脱線する限り国を救うものは、海軍に他ならない。内閣なんか何回倒してもよいのではないか。また、海軍は政治力がないというが、伝家《でんか》の宝刀《ほうとう》あり。この宝刀あるため安心していたり」――と。海軍左派トリオ（米内・山本・井上）の誕生だった。

戦わぬ大将　終焉《しゅうえん》の地で英語塾

一九〇二年（明治三十五）、宮城県立第一中学校（後の仙台第一高等学校）分校に入学したが、分校の廃止で県立第二中学校（後の仙台第二高等学校）に移った。四年の時の通知表は、六十人中トップで、井上の頭脳明晰《ずのうめいせき》ぶりがよく分かる。周囲の者は成美を「神童《しんどう》」と言って誉《ほ》めそやした。海軍兵学校は、日本海軍の人材を養成するための学校である。井上は、第二中学校を五年で中退し、明治三十五年、倍率一六・五倍という難関を突破、海兵三十六期生として海軍兵学校に入学した。

一九一〇年（明治四十三）に海軍少尉、大正四年海軍大尉、昭和十年海軍少

▼**阿部信行（あべ・のぶゆき）**（一八七五～一九五三）
日本の陸軍軍人。政治家。石川県金沢市生まれ。父は金沢藩士・阿部信満。陸軍士官学校十九期。陸軍大将。予備役編入後、内閣総理大臣（第三十六代）、外務大臣（第五十九期）、貴族院議員、朝鮮総督（第九代）など歴任。

▼**横須賀市長井（よこすかし・ながい）**
神奈川県南東部の三浦半島西部の相模湾に面した地域。

井上邸の外観。自慢の蘇鉄や洒落た煙突

将、横須賀鎮守府《ちんじゅふ》参謀長、昭和十九年海軍次官。このころから終戦へ向けての工作を開始。同二十年「大将進級に就き意見」を米内海相に提出。自ら進級に反対する。同年五月「大将進級を天皇御裁可」により海軍大将に、同年八月十五日終戦。海軍省及び全鎮守所、各警備勤務以外の内地在勤将官は、十月十五日までに予備役に編入された。この時、井上は五十五歳だった。

話は少し戻るが、一九一七年（大正六）、二十七歳の井上は、退役《たいえき》陸軍（主計中佐）、原知信の三女、原喜久代（二十一歳）と結婚した。喜久代の長姉光子は、後の陸軍大将で首相となる阿部信行に嫁いでいた。その後、井上はドイツに駐在したが、彼の回顧録の中で「こんなところに長くいると人間が堕落《だらく》すると思った」と書いている。その後、イタリア駐在武官も務めた。

一九四五年（昭和二十）十月、予備役のあと、終焉《しゅうえん》の地となった横須賀市長井の自宅に隠棲《いんせい》、このころから「井上英語塾」を始める。二〇一九年（令和元）十二月二十八日付の河北新報に「最後の海軍大将忘れぬ」という記事が掲載された。神奈川県横須賀市長井の勧明寺《かんみょうじ》に地元でつくる「井上成美を語り継ぐ会」が企画。井上から教えを受けた当時の英語塾の塾生ら約五十人が思い出や人柄

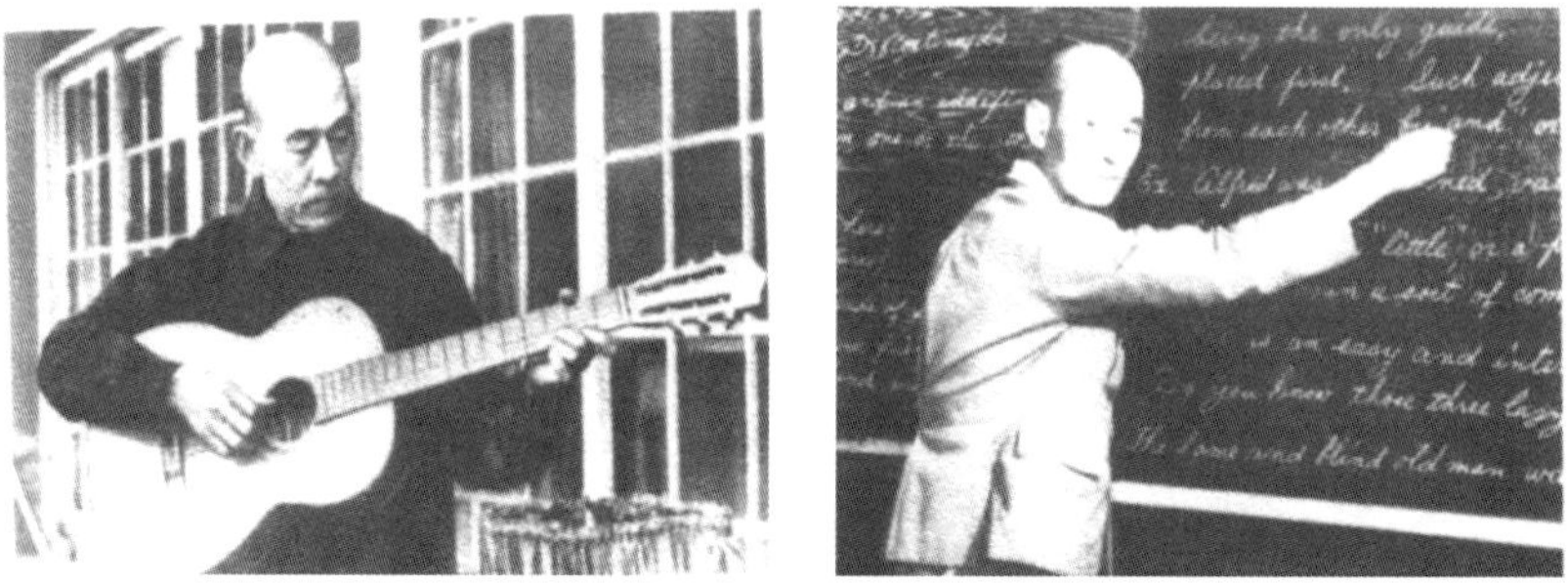

ギターが趣味だった井上（左）と自身の塾で英語を教える井上（右）『海軍大将　井上成美』より）

を語り合った。「藤尾住職（八十二歳）によると、先生は無収入にして赤貧《せきひん》の中、おやつまで用意してくれた。英語教育、人間教育という無償《むしょう》の愛をいただいた―と振り返った。」記事はそう伝えている。

井上成美の高潔《こうけつ》な人間性が伺えるエピソードである。『聖書』を片手に生きた「クリスチャン軍人」でもあった。

落日の海

一生を通じて井上成美は、生家の井上家が代々幕府直参であったことに対する誇り、理性、聖書に依拠した生き方、さらに教え子に対する限りない恩愛を貫き通した。最期を迎えた井上の耳には、賛美歌「主を御手もて」の曲が聞こえていたに違いない。眼下には穏やかな初冬の海が広がっていた。落日の太陽が、一瞬、井上を燃え上がらんばかりに包み込んだ。残照の中、井上はただ茫然《ぼうぜん》と海を眺め続けていた。

3 高平 小五郎（たかひら・こごろう）

秋田戦争に出陣、九死に一生

高平 小五郎

高平小五郎（たかひら・こごろう）（一八五五〜一九二六）は、明治期の外交官。岩手県一関市生まれ。享年七十二歳。一関藩士田崎三徹の三男であったが、九歳のときに同藩士高平真藤《まふじ》（三十九石）の養子となる。維新時は十五歳。

一八六六年（慶応《けいおう》四）の戊辰戦争時に、武士の若者三十七人で構成する甲《こう》三番隊《さんばんたい》に配属された。藩主に従って岩出山《いわでやま》（初代は政宗四男宗泰）に出陣し、八月二日、秋田出撃の命を受けて秋田での前線に従軍。歴戦の中、九月十五日、刈和野《かりわの》（秋田県大仙市《だいせんし》）の激戦で右腕を負傷した。降伏の知らせが届き、隊が一関に強行退去する途中、小五郎は奥羽山脈を越える難所で谷に転落した。彼がいなくなったことに気が付いた者はいなかった。

たまたま通りかかった富沢村の従軍農夫佐々木良蔵と佐藤甚右衛門が、歩行

▼**一関藩（いちのせきはん）**
仙台藩の支藩で三万石。当初は藩祖政宗の末子兵部宗勝、その後は政宗の孫建顕（たてあき）が岩沼より転封。子爵。

▼**戊辰戦争（ぼしんせんそう）**
明治新政府とそれに敵対する旧幕府諸藩との戦争。発生した一八六八年（慶応四・明治元）の干支（えと）である戊辰（つちのえたつ）からとった呼称。会津戦争の末期、新政府側と秋田・弘前両藩と戦って南部藩も降伏、箱館戦争で終結。新政府の全国支配が完成した。

困難となり、気を失っている見知らぬ少年を発見した。二人は少年を助け起こし、背負いながら昼夜歩き通しで山を越え、無事救護することができた。危うく見捨てられるところだった小五郎は、九死に一生を得た。奥羽地方の諸藩が賊軍《ぞくぐん》の汚名を受けた苦しい戦争であったが、その中には武士道精神が息づいていたと言えよう。

特命全権大使・男爵・貴族院議員

高平小五郎は、戊辰戦争《ぼしんせんそう》後の一八七〇年（明治三）、藩からの推薦《すいせん》を受けて貢進生として大学南校《だいがくなんこう》（現東京大学）へ入学。卒業後は社会基盤整備を担当する工部省に出仕した。一八七六年（明治九）、外務省に入り、薩摩出身の外務大輔《たいふ》（次官）吉田清成の知遇《ちぐう》を得る。最初の赴任地《ふにんち》は米国ワシントンにある日本公使館で、身分は外務書記官であった。

一八九五年（同二十八）、日清戦争後の三国干渉に際し、外交政策と交渉について、事細かに外務大臣陸奥宗光に報告した。一八九九年、外務大臣小村寿

▼吉田清成（よしだ・きよなり）（一八四五〜九一）

明治前期の外交官。一八六五年（慶応元）薩摩藩留学生としてイギリス、アメリカで修業。一八七二年理事官としてアメリカ、イギリスなど外債募集（借金）の交渉、一八七四年特命全権公使。なお当時、公使館のトップは特命全権公使、弁理公使、臨時代理公使の区分があった。外務大輔（次官）、農商務次官、元老院議官、枢密顧問官など歴任。

▼日清戦争（にっしんせんそう）

一八九四〜九五（明治二七〜二八）に日本と清国との間で行われた戦争。日本は平壌・黄海・旅順などで勝利し、九五年四月、講和条約を締結（下関条約）。

▼三国干渉（さんごくかんしょう）

露独仏三国間が日清戦争後に連合干渉し、下関条約によって清国が日本に割譲した遼東半島を還付させた事件。

▼陸奥宗光（むつ・むねみつ）（一八四四〜九七）

幕末・明治期の政治家。和歌山藩

士伊達宗弘の子。脱藩して坂本龍馬と共に海援隊で活躍、新政府に入る。一八七八年（明治十一）国事犯として入獄するも復活。第二次伊藤内閣の外相として条約改正や日清戦争後の下関条約締結に当たる。

▼小村寿太郎（こむら・じゅたろう）
（一八五五〜一九一一）
明治時代の外交官。日向国（宮崎県）飫肥（おび）藩出身。藩貢進生として大学南校（東京大学）、ハーバード大学留学。帰国後は司法官を経て外務省に入省。日露戦争後の外交処理に当たり、一九〇五年（明治三十八）ポーツマス講和会議の日本全権として講和条約を結んだ。駐英大使、第二次桂内閣外相、日韓併合を行い、関税自主権を回復、条約改正事業を完成させた。

小村 寿太郎

太郎と共に特命全権大使《とくめいぜんけんたいし》となり、アメリカのポーツマス講和条約の締結《ていけつ》に尽力《じんりょく》し日露戦争を終結させた。その功績により、男爵の称号を授けられ、貴族院議員（二回）にもなった。一九〇八年駐米大使となり、領土交渉に活躍。太平洋海域の現状維持、中国での機会均等を決める「高平・ルート協定」を結ぶ。明治の外交官として国運をかけた仕事を成《な》し遂《と》げて外交史に輝いている。

また、高平の在米大使時代、今に残るもう一つの功績は、毎年春になるとワシントンのポトマック河畔《かはん》に咲き誇る日本の桜がある。一九〇九年、首都ワシントンを流れるポトマック川の整備のため日本から桜を買い入れて植樹しようという米国の女性グループがあった。その中には当時のタフト大統領夫人もいた。その話を駐ニューヨーク総領事だった水野幸吉、駐米大使だった高平小五郎が知り、外務省に東京市の名前で桜を寄贈することを提案。快諾《かいだく》した東京市から二千本の桜がワシントンに贈られたが、害虫が多数発生していたためすべて焼却処分されてしまう。その後、一九一二年に再度、三千本の桜が東京市から無事ワシントンに届けられた。その後も第二次大戦の困難な時期を乗り越え、ポトマック河畔の桜は、日米友好の象徴として今に至っている。

▼**男爵（だんしゃく）**
五等爵（公・侯・伯・子・男）の第五位。

▼**貴族院議員（きぞくいんぎいん）**
皇族議員、華族議員、勅任議員（勅選議員、多額納税議員、のちに学士院会員議員）により構成された。

▼**新渡戸稲造（にとべ・いなぞう）**（一八六二～一九三三）
享年七二歳。思想家。教育家。南部藩士の子。札幌農学校卒業後、アメリカ、ドイツに留学。京大教授。旧制一高校長など歴任。国際平和を主張し、国際連盟事務局次官・太平洋問題調査会理事長として活躍。カナダで病没。『武士道』『農業本論』など著す。

新渡戸 稲造

五千円札の新渡戸《にとべ》も高平と縁

かつて我が国を代表する国連事務局次長として活躍し、五千円札の肖像《しょうぞう》となった新渡戸稲造（南部藩士の子）を語るには、佐藤昌介（北海道帝大初代総長）なしでは語ることが出来ない。札幌農学校第二期生の新渡戸は、卒業後、いったんは東京大学に進むが、それに飽《あ》き足らず、自費でアメリカの大学に留学する。経済的な問題や大学への失望もあって、同じく米国に留学中だった先輩の佐藤に救いを求める手紙を出す。佐藤は、自分の大学（ジョンズ・ホプキンス大学）に来るよう新渡戸に勧め、それ以降、一切の面倒をみる一方、新渡戸を母校である札幌農学校の官費《かんぴ》留学生にすることに成功する。『武士道』の出版などで世界から「頭脳の巨人」と称賛される国際人新渡戸稲造の誕生は、ジョンズ・ホプキンス大学への留学にその原点があったと言えよう。

さて、佐藤の父昌蔵は、明治維新後の廃藩置県で、高平の出身地一関を所轄《しょかつ》する西磐井《にしいわい》郡長を務めたことなどから高平に対して親近感を抱いていた。昌介は、大学南校、東京英語学校（ともに現・東京大学）に学んだ後、札幌農学校

（現・北海道大学）に第一期生として進学。一八八二年（明治十五）に自費で渡米し、ホートン農場で農業技術を学び、ニューヨーク在勤総領事の紹介により農商務省御用掛りになった。しかし、留学当初は生活が安定せず、ワシントンの日本公使館書記官だった高平に助けを求める。高平はそれに応えて、邦字《ほうじ》新聞のワシントン通信員の仕事を紹介した。人と人とのつながりは、不思議な縁を感じるものである。

クラーク博士と高平とのつながり

「少年よ大志を抱け」の名言で知られるクラーク博士も、高平や佐藤（昌）、新渡戸との縁がある。札幌農学校（現北海道大学）の初代教頭となったクラーク博士は、北海道を去る時、馬の上からかの名言を口にしたと伝えられる。その頃、佐藤は、札幌農学校第一期生としてクラーク博士から直接指導を受けた。米国留学に自費で旅立ったのも、その恩が忘れられなかったからだという。佐藤は後に、岩手県人として初の北海道帝国大学学長（初代総長）に就任する。

▼佐藤昌介（さとう・しょうすけ）（一八五六～一九三九）
享年八十九歳。農政経済学者。北海道帝国大学総長。盛岡藩士の子として花巻に生まれる。札幌農学校第一期生としてクラーク博士の薫陶を受け、キリスト教に入信。一八八三年（明治一六）アメリカに留学。八六年（同一九）札幌農学校教授。一九一八年（大正七）北海道帝国大学初代総長。「北大育ての親」と言われる。

佐藤 昌介

▼札幌農学校（さっぽろのうがっこう）
北海道大学の前身・一八七二年（明治五）東京に創設した開拓使仮学校を、七五年札幌に移転し、翌年札幌農学校と改称。

▼**クラーク（クラーク・ウィリアム・スミス）**（一八二六〜一八八六）
アメリカの科学者。教育者。一八七六年（明治九）札幌農学校（現北海道大学）初代教頭。クラーク博士として有名。

クラーク博士

明治13年頃の札幌農学校校舎

こうした意味において、新渡戸、佐藤とも、その活躍ぶりの原点は高平との縁があると言える。

石川啄木《たくぼく》と高平は、ご両人とも意識していなかったと思うが、驚くことに今日の共同通信や時事通信が加盟各新聞社に配信しているような国外の情報のやり取りをしていたという逸話がある。ネタ元は何であったのかは今となれば確認のしようがない話ではあるにせよ、啄木がこれほど国際問題に鋭敏であったという話は興味深い。まさに『雲は天才である』の感を強くする。それは、高平と啄木が従妹関係であったという説から派生したものだったのであろうか。

高平の実母、幾代の弟・養一は素行が悪く勘当され、博徒《ばくと》仲間のいる岩手郡渋《しぶ》民《たみ》村へ流れ着き、そこで知り合った工藤カツとの間に生まれたのが「一《はじめ》」のちの啄木であったという。カツは養一の死後、「はじめ」を連れ子として僧侶の石川一禎に嫁いだという話がある。（『岩手県南史談会　平成五年度研究紀要』岩手日報・平成六年三月記）。

高平は、一九二六年（大正十五）十一月二十八日逝去（享年七十三歳）。

4　相馬　黒光（そうま・こっこう）

没落藩士の家に生まれる

相馬黒光（そうま・こっこう）（一八七六～一九五五）。旧姓は星、本名は良。実業家。随筆家。新宿中村屋創業者。享年八十一歳。

黒光は、仙台藩の中級武士星喜四郎、母巳之治《みのじ》の三女として生まれた。巳之治は漢学者星雄記の三女として生まれ、幼少で亡くなった姉の婿として養子縁組していた喜四郎を夫に迎え、家を守った。

巳之治の娘、相馬黒光は、著書『広瀬川の畔』の中で、零落していく家を守るために苦闘する母の姿を描いている。巳之治は広い屋敷（当時の仙台城下における中級武士の屋敷面積は約五百坪）を利用し、養蚕、お茶の栽培、機織で生活を支えていた。娘を質屋の使いに出すこともあった。しかし、母の奮闘も空しく、屋敷は人手に渡り、星家も窮乏から逃れることは出来なかった。

相馬 黒光

黒光と乳母車の長女

▼養蚕（ようさん）
蚕を卵から飼い育て、繭を取ること。蚕養（こがい）。

▼機織（はたおり）
機で布帛（ふはく）を織ること。また、その人。

▼窮乏（きゅうぼう）
金や物が著しく不足して苦しむこと。

▼矢島揖子（やじま・かじこ）（一八三九～一九二五）
教育者。婦人運動家。肥後藩出身。夫の飲酒癖のため三十五歳で婚家を去る。明治五年上京、宣教師メアリー・トゥルー（Mary・T・True）に出会い、新栄女学校（東京築地にあったミッションスクール、B六番女学校の前身）の教師となる。日本キリスト教婦人矯風会創立会頭。ワシントン軍縮会議へ出席。晩年まで活動を続けた。

▼叔母（おば）
父母の姉には「伯母」、妹には「叔母」と書く（東北・関東・中部地方などで）妹・次女以下。（北陸・西日本で）独身の女性。

▼星野天知（ほしの・てんち）（一八六二～一九五〇）
明治・大正・昭和期の作家。教育家。武道家。のちに書道家。文学界を主宰し、「女学」誌の執筆など。一九〇八年（明治四十一）書道の「大師流」を発表し、その研究所を開いた。

一方、一八五三年（嘉永《かえい》六）に生まれた艶（後の佐々城豊寿《ささきとよじゅ》）は母の九歳下の妹で、新しい生き方をした女性であった。東京や横浜で学び、医者佐々城本支との結婚後も社会活動を行い、矢島揖子とともに東京婦人矯風会を創立して禁酒・廃娼運動に取り組み、法律や政治問題を研究するために婦人白標倶楽部を組織した。

アンビシャス・ガール

黒光は、母と叔母の異なった生き方を身近に見ながら多感な少女期を過ごした。小学校初等科卒業後、裁縫学校に進むも、進学を強く希望し、一八九一年（明治二十四）に学費の安かったミッションスクール、宮城女学校（現宮城学院）に入学がかなった。仙台神学校（現在の東北学院）の日曜礼拝にも参加し、のちに洗礼を受けるなどキリスト教に目覚めた黒光だったが、アメリカ式教育の押し付けに反発する生徒たちによるストライキ事件に連座して宮城女学校を自主退学した。

▼北村透谷（きたむら・とうこく）
（一八六八〜一八九四）

明治期の詩人。評論家。平和主義運動家。島崎藤村らと「文学界」の創刊に携わり、「眠れる蝶」など数篇の叙情詩を残し自殺した。藤村に大きな影響を与えた浪漫主義の開花を準備したとともに、近代日本の理念を追究した先駆者としての意義は大きい。

▼島崎藤村（しまざき・とうそん）
（一八七二〜一九四三）

明治・大正・昭和期の詩人。小説家。馬籠本陣（岐阜県中津川市）生まれ。明治学院に学び、キリスト教の影響を受ける。自由な雰囲気の中での交友などから文学を志す。一八九三年「文学界」創刊に参画。卒業後は明治女学校の教師など経験。一八九六年、仙台の東北学院に赴任。この頃から清新な叙情詩を発表し始める。『破戒』（はかい）（一九〇六年）は画期的な作品として文壇に迎え入れられる。近代日本の歴史に着目し、父とその時代を描いた『夜明け前』（一九二九〜三五）を完成。

その後、上京して兄の援助で横浜のフェリス英和女学校に転校したが、明治女学校の講師で文士の星野天知と知り合いになったことをきっかけに文学に傾倒、ミッションスタイルのフェリスに物足りなさを感じるようになり、再び退学。一八九五年、北村透谷、島崎藤村らが講師を務める憧《あこが》れの明治女学校に二度目の転校をし、一八九七年に卒業した。明治女学校在学中に島崎藤村の授業を受け、また従妹の佐々城信子を通じて国木田独歩とも交流し、文学への視野を広げた。「黒光」という号は、女学校の教頭から、「溢《あふ》れる才気を少し黒で隠しなさい」という意味づけで名付けられたともいわれている。大きな志《こころざし》を持つ、まさに「アンビシャス・ガール」と呼ぶにふさわしい女性であった。


あたかも「青春の道場」であった明治女学校は、一八八五年（明治十八）年に開校、一九〇九年（同四十二）年に経営難もあって閉校した。わずか二十三年という短期間の命脈《めいみゃく》しか保てなかったが、その校風からは相馬黒光をはじめ、羽仁もと子、大塚楠緒子、野上弥生子ら様々な人材を輩出。その活躍は「女学雑記」「文学界」の母体となった。こうした明治ロマンティシズムを高らかに謳《うた》い上げながらも、黒光の中には時にはキリスト教的な、時には旧士族的な倫理観があらわれる。黒光にとって男女は純粋でまじめな恋愛をし、「つつしんで清らかに交際すべきもの」であった。

相馬と結婚、新宿に中村屋を開く

黒光は明治女学校を卒業後間もなく、同じ宮城出身（岩沼）の島貫兵太夫のすすめにより、東京専門学校（早稲田大学の前身）を卒業した長野県出身の実業家相馬愛蔵と結婚する。そして長野県の穂高《ほたか》に相馬家の嫁として暮らすが、田園生活の夢破れて再び上京、本郷の東大前にあったパン屋中村屋を買い取って夫と二人でパンの販売を始めた。

その後は夫婦で近代的な商売の工夫を重ねて事業を拡大、新宿に移ってからは昭和二年に喫茶部《きっさぶ》を開設。そこは愛蔵と黒光の人柄に惹《ひ》かれた文化人が集うサロンとして知られるようになる。特に多感で魅力的な黒光の元には、若き美術家や作家、学者らが集まり深く交流した。女主人の活躍ぶりは、平成三十一年四月からNHKテレビで半年間放映された朝ドラ「なつぞら」で紹介されたのは記憶に残るのではないだろうか。

島貫夫妻

▼国木田独歩（くにきだ・どっぽ）（一八七一～一九〇八）
明治期の詩人。小説家。東京専門学校時代に受洗。中退後に民友社（徳富蘇峰が設立した戦前の言論団体）に接近。日清戦争時に國民新聞の記者として、弟に宛てた形式の従軍記『愛弟通信』を刊行し、好評を博した。

▼羽仁もと子（はに・もとこ）（一八七三～一九五七）
教育家。ジャーナリスト。青森県八戸市生まれ。旧姓松岡。東京府立第一高校卒。在学中に受洗。明治女学院に学ぶ。帰郷して教師となるが、離婚体験を経て再び上京。一八九七年（明治三十）「報知新聞」記者。同紙の記者だった羽仁吉一と結婚後に退社。一九〇八年に『婦人之友』を創刊。

▼大塚楠緒子（おおつか・くすおこ／なおこ）（一八五五～一九一〇）

小説家。歌人。東京帝大教授。小室保治を婿養子に迎え、夫の留学中は明治女学校に学ぶ。四男一女を育てながら小説を書く。一九〇五年に発表した「ひとあし踏みて夫（つま）思ひ…」で始まる「お百度詣」は厭戦詩（えんせんし）として有名。

▼野上弥生子（のがみ・やえこ）（一八八五～一九八五）

小説家。大分県生まれ。本名ヤヱ。明治女学校卒。夏目漱石の紹介で小説を発表。作品に『海神丸』『真知子』『迷路』『秀吉と利休』『森』など。文化勲章。

新宿中村屋

▼相馬愛蔵（そうま・あいぞう）（一八七〇～一九五四）

ピューリタン精神に基づく事業観を

中村屋は、クリームパンに始まり、月餅《げっぺい》、中華まんじゅう、かりんとう、インドカリー（カレーライス）にボルシチ…と多彩なメニューが揃《そろ》い、東京でも超人気の店として人気を博す。

日本のカレーは、本場インドからではなく、明治時代に西洋料理として入ってきた。昭和二年に日本で初めて本格的なスパイスを使ったインドカリーを売り出したのが中村屋だった。

当主の相馬愛蔵は、知り合いから頼まれてインド独立運動の志士、ビハリ・ボースを家にかくまうことになった。ボースの逃亡生活を支え、話し相手になったのが、英語が堪能《たんのう》だった妻の黒光だった。ボースは相馬家に寄宿しているうちに相馬家の娘と恋仲になり、彼女にも故国の味を食べさせたいと、本格的なインドカリーを作った。それが、中村屋がインドカリーを売り出すきっかけになったという。

このインドカリーは評判を呼び、大人気メニューになった。インド独立を夢見たボースは、独立からわずか二年後に亡くなる。

ボースは相馬家の長女と結婚し、二人の子どもに恵まれたが、この長女も二十六歳で病死。長男が新宿中村屋二代目社長となっている。

計九人の子のうち六人は早世している。一人は母親の意向でボースに嫁がされ、一人は用事に奔走《ほんそう》する母の乳がなくなったため死んだ。アマゾンの奥地に赴《おもむ》いて死んだ者もいたし、あるいは母に背いて思想運動に走り、母を許すことができず、戦死した者もいる。

黒光は、インドの革命家ボースをかくまい、ロシアの亡命詩人エロシェンコを助け、心身鍛錬法《たんれんほう》の岡田式座法を生み出した岡田虎二郎を信奉し、最後は仏教に帰依《きえ》するなど、その生涯は周りの人々を巻き込みながらも、常に前向きで向上心を絶やさない女性だったと言えよう。

自伝「黙移」には、子どもを亡くす悲しみが淡々と語られているが、その言葉は自己肯定的に受け取ることもできる。相馬黒光という明治から昭和を生きた一人の女性の、生命力の強さに圧倒される思いである。

持った企業経営者。妻良（号は黒光）共に新宿中村屋を創業。長野県穂高出身。一八九〇年東京専門学校（現早稲田大学）卒。郷里で蚕種製造に携わった後、一九〇一年上京、本郷のパン屋中村屋を買い取って妻と共に経営。一九〇七年に新宿に支店を開店。一九二三年（大正十二）株式会社中村屋とした。中村屋サロンと呼ばれ、幅広い分野の文化人を援助し、インド独立の志士ラス・ビーハリー・ボースの亡命を庇護。著書『一商人として』。

▼島貫兵太夫（しまぬき・ひょうだゆう）（一八六六～一九一三）

明治期の牧師。一八六六年（慶応二）名取郡岩沼生まれ。仙台神学校（東北学院）在学中から押川方義（おしかわ・まさよし、東北学院及び宮城学院の創立者）の影響を受け、苦学生の世話に当たる。卒業後は上京して神田で伝道。一八九七年日本力行会（りっこうかい）を創立し、苦学生の救済に尽力。海外移民まで事業を広めた。

5 土井　晩翠（どい・ばんすい）

新しい詩の世界を開く

春高桜《はるこうろう》の花《はな》の宴《えん》
めぐる盃《さかずき》影《かげ》さして
千代《ちよ》の松《まつ》が枝《え》わけ出《い》でし
むかしの光《ひかり》いまいずこ
（「荒城の月」第一番）

春には、もとここにあった城の中で、
にぎやかな花見の宴が行なわれていたに違いない。
はずむ声、笑い、酒を酌み交わす盃…
そして城壁の大きな松の枝あいからは、
月の光が差し込んでいたであろう。
そんな昔のおもかげは、今はどこへいったのだろうか。

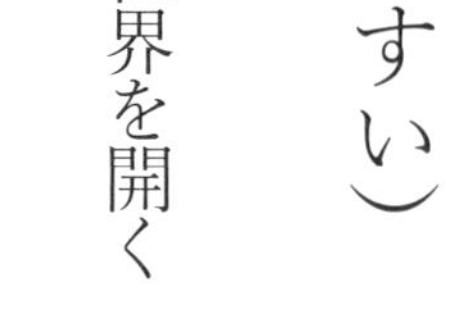

土井　晩翠

仙台城跡にある「荒城の月」歌碑

▼**青葉城（あおばじょう）**
仙台藩祖伊達政宗が青葉山に築いた日本の城郭。仙台城とも呼ばれる。天守台はあるが、天守閣は築かれなかった。

▼**詩碑（しひ）**
詩を彫り刻んだ石碑。

仙台の市街地を眼下に見下ろす青葉城には、郷土が生んだ詩人土井晩翠の名作「荒城《こうじょう》の月」の詩碑がある。この詩は、一八九八年（明治三八）上野の東京音楽学校（現東京芸術大学）から依頼されてつくられたものである。滝廉太郎《たきれんたろう》により曲がつけられ、時代を超えて歌い継がれている。

晩翠は、一八七一年（明治四）、仙台市北鍛冶町《きたかじまち》（現青葉区木町通）で質屋を営む土井林七の長男として生まれ、名前は林吉《りんきち》といった。小さいころから祖母に和歌の手ほどきを受けたり、父親から『八犬伝』などの物語を聞いたりして育ち、本を読むのが好きな子どもだった。

　小学校の授業で、中国の歴史物語『十八史略』を学ぶと、難しい本にも興味を持つようになり、夢中になって読むようになった。その勉強ぶりは先生方も驚くほどだった。「本には僕の知らないたくさんの知識がつまっています。もっともっとたくさんのことを知りたくてたまりません。先生、僕は中学（現在の高校）に進んで学問を学びたいのです」林吉は、真剣《しんけん》な眼差《まなざ》しで自分の夢について語るのだった。

　十三歳で小学校高等科（現在の中学校）を卒業した林吉は、いよいよ中学への進学を本気で考えるようになる。ところが、祖父は「商売をするのに学問など要らない」という考えだった。祖父は息子の林七に「（林吉を）中学などに絶対やってはだめだ」と強い口調《くちょう》で言い渡した。祖父の言うことは絶対だった。祖父の言いつけには林七も背《そむ》くことが出来ない。新七は、そのことを新吉に告げるしかなかった。

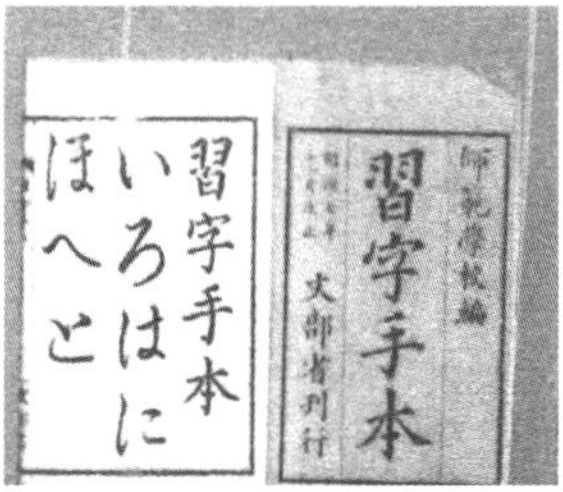

明治初期の教科書

▼八犬伝（はっけんでん）

　滝沢馬琴作『南総里見八犬伝』の略。一八一四年（文化十一）に第一巻が刊行され、一八四二年（天保十三）年まで、二十八年かけて全九十八巻（計百六冊）が出された長編大作。

▼『十八史略』（じゅうはっしりゃく）

　至治年間（一三二一～一三二三）に南宋の曾先之によってまとめられた子ども向けの歴史読本。日本には室町時代の後期、一五二六年（大永六）に、上杉憲房が足利学校にこの書を寄進したのが最も古い記録とされる。

『東北文学』の創刊号

英語への興味高揚

父に説き伏せられた林吉は、質屋の店先で見習いとして働くことになり、毎日、お客さんの相手をしたり、品物を蔵から出し入れする仕事に明け暮れた。しかし、林吉は仕事の傍ら、『自由の燈《ともしび》』という新聞やその当時発刊されたばかりの『新体詩抄』という本をいつも大事に携《たずさ》えていた。少しの時間を見つけては、瞳《ひとみ》を輝かせ、未来に夢を持ちながら、新しい形の詩を口ずさむほどだった。『新体詩抄《しょう》』には、西洋の詩を翻訳したものもあった。林吉は、西洋の文学や英語にも興味を持ち始め、英語の通信教育も始めた。見習いの仕事をしていても、学ぶことはやめなかった。

林吉が十六歳になった頃、このままずっと質屋の仕事を続けていくべきかどうか考えるようになった。そんな時、すぐ近くの国分町に「仙台英語学校」が出来るという話を聞いた。当時としては珍しい英語を学ぶ学校で、働きながら学ぶことが出来るという。しかも、英語学者として有名な斎藤秀三郎先生が教えてくれるという話を聞くと、林吉は居ても立ってもいられなかった。店で品物を並べて

▼**新体詩（しんたいし）**
明治初期に西洋の詩歌の形式と精神を取り入れて創始された新しい詩。従来の詩が主に漢詩を指していたのに対していう。外山正一らの共著『新体詩抄』に起こり、森鷗外、島崎藤村、土井晩翠、北村透谷らによって発展、日本の近代詩の淵源（えんげん）をなした。

▼**翻訳（ほんやく）**
ある言語で表現された文章の内容を他の言語に直すこと。

▼**斎藤秀三郎（さいとう・ひでさぶろう）**（一八六六〜一九二九）
英語学者。仙台生まれ。正則英語学校を創立。英和・和英辞書を編集。著『熟語本位英和中辞典』など。

▼マコーリー（初代マコーリー男爵トーマス・マコーリー）（一八〇〇〜一八五九）
イギリスの歴史家。名誉革命を中心テーマとした『イギリス史』の著者。『古代ローマ詩歌集』『評論集』などがある。インド総督顧問、陸軍主計長官などの要職も務めた。
▼ビクトル・マリー・ユーゴー（一八〇二〜一八八五）
フランスのロマン主義の詩人。小説家。『レ・ミゼラブル』の著者として知られている。ユーゴーは、本の売れ行きが心配で出版社に「?」とだけ書いた手紙を送った。その後、出版社から「!」と書かれた手紙が届いた。「売れ行きは上々」という意味だったという。これはギネス世界記録に「世界一短い手紙」のエピソードとして掲載されている。

土井 晩翠

いる時も、重い荷物を運んでいる時も、頭の中は英語学校のことでいっぱいだった。一旦は父に従った林吉だったが、胸に燃える学問の灯《ひ》は到底消すことが出来なくなっていた。
林吉は、ある夜、思い切って父と祖父の前に正座して話を始めた。「私はどうしても英語学校で勉強したいのです。店の手伝いもしますから、通わせて下さい」。しばらく沈黙が続いたが、やがて、父が口を開いた。「店での修行に務めながら、合間を見ては本を読んでいるおまえの姿を見ていたよ。しかたがない。おまえがどうしても学問をしたいという気持ちは分かった」。父の言葉を聞いた祖父も、「よかろう。ただし、中途半端《ちゅうとはんぱ》な気持ちではいけないぞ」と、ついに進学を許した。
林吉は、英語学校での授業を思い浮かべ、自然と笑《え》みがこぼれた。

日本を代表する詩人となる

喜び勇んで進学した林吉は、夜中まで机の前に座っていることがよくあっ

▼天地有情（てんちうじょう）
土井晩翠の詩集。一八九九年（明治三十二）刊。詩が四十一編収録されているほか、カーライル、シェリーらの詩論、諸葛孔明の悲運をうたった新体長詩『星落秋風五丈原』は有名。

第二高等学校の正門と玄関（『仙台市史』近代Ⅰより）

た。マコーリーの『フレデリック大王論』や、ビクトル・ユーゴーの伝記などを中心に心を奪われ、英雄や文学者の面影を心に描いた。あれこれ想像していると、時間の経つのも忘れてしまうほどだった。その後、仙台に出来た第二高等学校（現東北大学）に十八歳で入学した。学問への情熱をますます燃やすようになった。

さらに、校友会誌に詩を載《の》せる機会を得て、ペンネームを「晩翠《ばんすい》」とした。東京帝国大学（現東京大学）英文科に進み、勉強の傍ら、雑誌『帝国文学』の編集委員となり、次々と詩を発表。堂々として力強い晩翠の詩は評判となる。晩翠は、日本を代表する島崎藤村と並ぶ詩人となり、『新体詩《しんたいし》』と呼ばれる新しい詩の確立に大きな功績を残した。

詩人として成功した晩翠は、一九〇〇年（明治三十三）仙台に戻り、母校である第二高等学校（現東北大学）の英語の教授となる。また、外国文学の翻訳を行ったほか、多くの学校の校歌を手掛ける。仙台市立立町小学校の校歌には「努めて倦《う》まず身を立てて国と民とのためつくせ」（途中で諦《あきら》めることなく努力を続け、人々のために尽《つ》くしなさい）という歌詞がある。このような生き方

▼荒城の月（こうじょうのつき）　土井晩翠作詞、滝廉太郎（たき・れんたろう）作曲の歌曲。曲は一九〇一年（明治三十四）刊の「中学唱歌」の懸賞募集に滝廉太郎が応募した作品。詞は東京音楽学校が土井晩翠に懸賞応募用テキストとして依頼した東京音楽学校が土井晩翠に懸賞応募用テキストとして依頼した。

▼ホメロス　古代ギリシャの紀元前八世紀末に存在したとされるが、実在したかどうかは不明。吟遊詩人であったとされる。

晩翠が晩年暮らした晩翠草堂（仙台市青葉区大町）

を語り掛ける晩翠は、多くの市民に慕われた。代表作に『天地有情』がある。現在も『荒城の月』は、多くの人々に歌い継がれている。

さらに晩翠は、ホメロスの英雄叙事詩をギリシャ語原典から翻訳した『イーリアス』と『オデュッセイア』をはじめ、カーライルやバイロンの作品など、翻訳の分野でも功績を残した。

一九四九年（昭和二十四）に仙台市名誉市民に選ばれ、文化勲章も受章した。

1
郁山悲愁の風更けて
陣雲暗し五丈原
零露の文は繁くして
草枯れ馬は肥ゆれども
蜀軍の旗光無く
鼓角の音も今しづか
丞相病篤かりき
丞相病篤かりき

2
清渭の流れ水やせて
むせぶ非情の秋の声
夜は関山の風泣いて
暗に迷うかかりがねは
令風霜の威もすごく
守るとりての垣の外
丞相病篤かりき
丞相病篤かりき

（以下略）

6 吉野 作造（よしの・さくぞう）信次（しんじ）

現代日本の民主主義の開拓者

吉野 作造

吉野作造（よしの・さくぞう）（一八七八～一九三三）は、古川市古川十日町（現大崎市古川）に、明治十一年、糸綿《いとわた》商の吉野年蔵の長男として生まれる。政治学者、東京帝国大学教授。享年五十六歳。

海老名弾正門下のクリスチャンで、大正初年に民主主義を主唱。政治・外交・社会の民主化要求の論陣《ろんじん》を張り、知識層に巨大な影響力を持った。

父は、新聞・雑誌の取次業を開業し、自由民権運動の政治的雰囲気の中で育った。

小・中学校をいずれも首席で卒業した吉野だったが、優秀さを鼻にかけることなく温和《おんわ》な性格で、近所の大人たちが「作さんを見習え」と、子どもたちへの諭《さと》し文句にするほどであったという。現代日本の民主主義を築いた開拓者

▼海老名弾正（えびな・だんじょう）（一八五六～一九三七）
牧師で日本組合基督教会三元老の一人。筑後柳川藩の出身。一八七二年（明治五）、熊本洋学校入学、米国人教師L・L・ジェーンズからキリスト教の感化を受けた。一八七六年ジェーンズの教えを国内に広めようとした集団、熊本バンドの仲間とともに同志社に転校。新島襄、デイヴィス・ラーネッドらの薫陶を受ける。一九〇〇年に雑誌『新人』を創刊し、吉野作造、鈴木文治、小山東助ら後進を育成した。一九二〇年（大正九）同志社総長に就任。

として高く評価されている東京帝大法科教授の美濃部達吉と対照的に、作造は穏やかで面倒見がよい慈父《じふ》とも言えるような指導者だった。

一八九七年（明治三十）、第二高等学校法科（現東北大学教養課程）に入学し、米国人女性宣教師アニー・S・ブゼルの聖書クラスを通してキリスト教に接し、洗礼《せんれい》を受けた。一九〇〇年（明治三十三）、東京帝国大学法科政治学科に入学。上京後、海老名弾正《えびなだんじょう》に出会い、人格主義的なキリスト教の影響を受けた。大学では民衆を視野に入れた小野塚喜平次の政治学「衆民主義」に感化され、政治学を志した。

一九〇六年（明治三十九）に中国に赴《おもむ》き、清の高官袁世凱家の家庭教師や、行政官と司法官育成のために設立された北洋法政専門学堂で法学・政治学の教師を務めるなどの苦労の末、一九〇九年（同四十二）に東京帝大助教授となった。助教授就任の翌年から三年間、独・英・米に留学、一九一四年（大正三）には教授に昇進した。一九一六年（同五）年、民本主義を提唱した論文「憲政の本義を説いて其の有終の美を済すの途を論ず」を発表し、民主主義政治・社会の実現を目指す「大正デモクラシー」の気運を高めた。

▼**美濃部達吉（みのべ・たつきち）**（一八七三～一九四八）

公法学者。東京都知事を務めた美濃部亮吉の父。一八九七年東京帝国大学卒業。一時内務省に勤めたが、母校に迎えられ、ドイツに留学。イギリス、フランスを経て一九〇二年に帰国。直ちに母校東京帝国大学法科教授に任官。法制史、行政法の講座を担当し、やがて憲法講座も兼ねた。三二年貴族院勅撰議員、三五年著書『憲法概要』『憲法精義』などが第六十七帝国議会で問題にされて、『天皇機関説』が非難された。告発は執行猶予となったものの、同年勅撰議員を辞職。翌年暴漢に撃たれて重傷を負った（天皇機関説テロ事件）。戦後は憲法問題調査委員会の顧問、四六年に枢密顧問官など歴任。

▼**小野塚喜平次（おのづか・きへいじ）**（一八七〇～一九四四）

政治学者。日本における政治学の開拓者。東京帝国大学卒業後、ヨーッパに留学。一九〇一年帰国後、母校で日本最初の政治学講座

吉野作造と大正デモクラシーの足跡

大正デモクラシーとは、日露戦争後の講和条約反対運動を背景に、第一次世界大戦前後の世界的変革の動きによって本格化した。大戦後を中心とする政治・経済的民主化を求める風潮である。

大正デモクラシーは、政党中心の政治運営の実現の第一段階を経て、政治デモクラシーの取り組みの第二段階（原敬内閣成立～）、そして経済的デモクラシーへの取り組みの第三段階に進む。つまり、民衆による政治、多数者支配を目指すデモクラシーは、まずは議会・政党が政権の中枢《ちゅうすう》となる「政治の政党化」を経て、普通実現を求める政治的デモクラシーから、経済的格差是正や解消を求める経済的デモクラシーへと進化していった。

吉野作造の民本主義とは―。法律論から民主化論である美濃部達吉《みのべたつきち》教授の天皇機関説《てんのうきかんせつ》の影響を受け、それを政治論として発展させたのが吉野作造である。

ここで吉野が行なったのは、条文解釈や主権の所在を問う法律論からではなく、主権運用（政治）の目的や方法を問う政治論から民主化の主張だった。吉野

専任教授となる。その後、東京大学総長となり、大学行政においても重要な役割を果たした。吉野作造、南原繁、蝋山政道らの学者を育てた。主著『政治学大綱』等。

▼清（しん）

中国東北地方（旧満州）から興った王朝（一六四四～一九一二）。明（みん）が反乱軍によって一六四四年に滅ぼされた後、満州族が東部モンゴルを併せて強大となり、南下して北京に侵入、やがて中国全土を統一した。それ以降、辛亥革命（しんがいかくめい）によって一九一二年に倒されるまで、二百六十年以上に渡って少数の満州族が圧倒的多数の漢民族の上に征服王朝として君臨した。

▼袁世凱（えん・せいがい）（一八五九～一九一六）

中華民国の第二代臨時大統領、初代大統領。北洋軍閥の創始者。日清（にっしん）戦争後、清の地方軍である淮軍（わいぐん）の解体を受けて清朝兵制の近代化を目指した新進陸軍の創設に尽力。辛亥革命

は、政治の目的は民衆の福利《ふくり》にあり、その福利の内容は民衆自身がよく知るので、主権の天皇は民衆の幸福のため、なおかつ民衆の意向に基づいて政治を行なう必要がある、と説いた。民を本とするという意味から「民本主義」なのである。このような作造の精神は、基本はピューリタン精神に立脚《りっきゃく》しているようにも思われる。

吉野の実弟、信次は中小企業政策に力尽くす

吉野信次（よしの・しんじ）（一八八八〜一九七一）は、兄作造より十歳年下の実弟。古川出身の政治家。古川中（古川高）、東京大学で学び、農商務省に入る。後に農林省と分かれた商工省に移り、一九三一年（昭和六）、四十三歳で商工次官に就任。特に中小企業政策に力を尽くした。米国流の資本重視とは一線を画《かく》し、工業製品の規格統一や同業者の自由性に基づくカルテルを後押しした。兄で政治学者の作造が、普通選挙の実現や民本主義を唱え、軍部と対立したのとは政治的立場を異にする信次は、戦前から戦後にかけて商工行政の礎を築き、「一

が勃発すると、内閣総理大臣に抜擢されたが、南北講和では共和を支持して革命派の擁立も得て大統領に就任した。

▼民本主義（みんぽんしゅぎ）
大正デモクラシー思想は、運動初期の指導理論としての立憲主義、中期の役割を果たした民本主義、後期の政治的・経済的・社会的など多様な諸領域の民主化を主張した社会的デモクラシーの三形態がある。吉野作造に代表される民本主義は、一九一六年（大正五）前後から第一次大戦直後まで、中央の論壇を風靡し、国内政治の民主化を目指す運動の指導理論として全国の先進的な民衆に受容されていった。

▼原敬（はら・たかし）（一八五六〜一九二一）
政党政治家。盛岡藩士の子。外務次官・朝鮮公使を歴任。退官後、大阪毎日新聞社長。政友会創立に参加、逓信・内相を経て第三代総裁。党勢を伸ばし、一九一八年（大正七）最初の安定的な政党内閣を組織、平民宰相と呼ばれる。一九二一年（大

正十）十一月四日、関西で開かれる政友会の大会に出席するため東京駅に着いた際、暗殺された。

▼**近衛文麿（このえ・ふみまろ）**（一八九一～一九四五）

政治家。公爵。第三代貴族院議長、第七代学習院院長などを務めた近衛篤麿の子。東京生まれ。京都大学卒。一九三三年貴族院議長、三七年第一次近衛内閣を組織、一ヵ月後に日中戦争勃発、三九年一月総辞職、四〇年七月第二次近衛内閣、四一年七月第三次近衛内閣を組織した。しかし、軍部の反対によって同年十月総辞職。

▼**鳩山一郎（はとやま・いちろう）**（一八八三～一九五九）

昭和の政党政治家。戦後の首相。東京生まれ。衆議院議長鳩山和夫と共立女子大学創始者春子の長男。一九二七年（昭和二）田中義一内閣書記官長。一九五四年（同二九）に鳩山一郎内閣組閣。翌年、保守合同を進め、自由民主党を結成、「五五体制」を築く。

時は兄より知名度が高かった」と言われる。東北には縁が深く、商工省を退いた一九三六年（昭和十一）、東北振興電力（後の東北電力）社長。また、ダムなどの総合開発を目的とする東北興業の総裁に就いた。翌一九三七（昭和十二）、第一次近衛文麿内閣で商工大臣を務め、戦後の公職追放解除後は、宮城選出の参議院議員に初当選。第三次鳩山一郎内閣では運輸大臣を務めたほか、武蔵大学学長に就任している。信次は実直で面倒見の良いタイプ。戦前の商工省時代に腹心《ふくしん》の部下だった岸信介《きしのぶすけ》（後の首相、安倍前首相の祖父）は、「（信次は）官僚として最高級」と敬ったという。

岸が亡くなった際には葬儀委員長も務めた。信次からの「商工政策は、戦後も護送船団《ごそうせんだん》方式として長年受け継がれた」と影響力の強さを強調する。

（市民団体「吉野先生を記念する会」の祇園寺則夫副会長・2020年4月24日付河北新報より）。

吉野信次（左から2人目）と作造（右から2人目）

吉野作造の遺品が展示（大崎市古川にある吉野作造記念館）

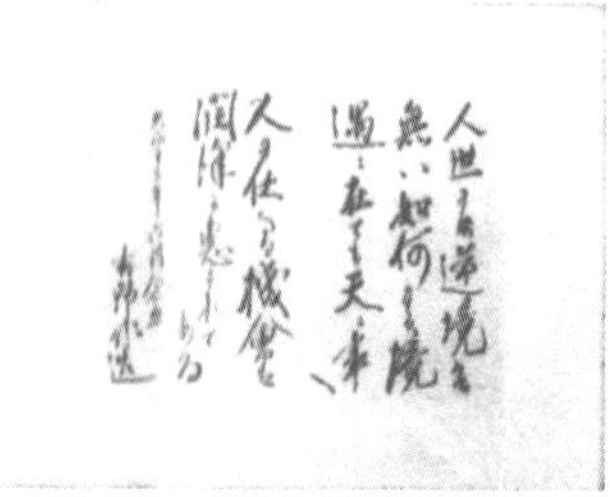

吉野作造の書軸

吉野作造・信次兄弟は、古川中心部の家で生まれたが、生家跡は「吉野ポケットパーク」として小さな公園になっている。

「それぞれのスタンスが豊かな国づくりを模索した「兄おとうと」、その存在の大きさを実感した」（河北新報「みやぎ先人の足跡」参照）と記している。

信次と作造は、お互いの妻同士が実の妹と姉だったという奇縁がある。

作家の故井上ひさし氏は、四人を登場させる評伝劇「兄おとうと」で、兄弟が理想の国家像を巡って対立する場面を描いているが、実際は決して二人の仲が険悪だったわけではないだろう。

作造が五十五歳で亡くなった後、信次は兄の家族の面倒をみていたという話も伝わっている。兄の陰に隠れがちではあっても、信次は紛れもなく郷土が誇るべき一級の人物だと言えよう。

吉野作造の生家跡にあるポケットパーク（大崎市古川十日町）

7 林 子平（はやし・しへい）

国外情勢学び海防主張

林 子平

林子平（はやし・しへい）（一七三八～九三）は、旗本・岡村源五兵衛良通の次男として、江戸に生まれた。江戸後期の経世思想家《けいせいしそうか》（経世済民の具体策を説いた知識人）。本名は友直。父が罪を得たため、叔父の町医者・林従吾に養われ、以降林姓を名乗った。享年五十六歳。

仙台藩江戸下屋敷の一つである大崎袖ヶ崎屋敷（現東京都品川区）で、五代藩主伊達吉村の侍女となっていた子平の実姉なおが、一七四七年（延享《えんきょう》四）、六代藩主伊達宗村の側室に選ばれ、おきよの方となる。なお、宗村とおきよの間に生まれた男子の藤七郎（のちの利置《としやす》）は、三河国（現愛知県）刈谷藩主土井利信の養子となり、また女子の方子《よりこ》は松江藩主松平治郷（不昧《ふまい》）の正室となっている。

▼大崎袖ヶ崎屋敷（おおさきそでがさきやしき）
仙台藩下屋敷の一つ。現在の清泉女子大学（品川区東五反田）の場所にあった。五代藩主吉村の時に取得し、後に吉村の隠居所となった。

▼伊達宗村（だて・むねむら）（一七一八～一七五六）
仙台藩六代藩主。五代藩主伊達吉村の四男として生まれた。母は正室・長松院（冬姫）。

▼土井利信（どい・としのぶ）（一七二八～一七七一）
江戸中期の大名。三河国西尾藩四代藩主、のち三河刈谷藩初代藩主。刈谷藩土井家四代。

▼松平治郷（まつだいら・はるさと）（一七五一～一八一八）
江戸後期の大名。出雲国松江藩七代藩主。

▼部屋住み（へやずみ）
嫡男であるがまだ家督相続していない者、あるいは次男以下で家督を相続できない者で、さらに分家・独立しないで親や兄の家に留まっている者をいう。

▼工藤平助（くどう・へいすけ）（一七三四～一八〇一）
江戸中期の仙台藩江戸詰めの藩医。経世論家。若いころの林子平に影響を与えた。『赤蝦夷風説考（あかえぞふうせつこう）』を著した。「赤蝦夷」というのは、当時のロシアを指し、その南下を警告する一方、開港して交易し、適切に経営すべきであるという内容。

▼桂川甫周（かつらがわ・ほしゅう）（一七五一～一八〇九）
医師。蘭学者。代々将軍家の奥医師を務めた桂川家の第四代当主。

▼大槻玄沢（おおつき・げんたく）（一七五七～一八二七）
一関藩出身の江戸時代後期の蘭学者。『解体新書』の翻訳で有名な杉田玄白・前野良沢の弟子。

実の姉が仙台藩主の側室になったことが契機《けいき》となって、翌一七四八年、養父の従吾が仙台藩の藩医に取り立てられ、禄《ろく》を得る。従吾の死後、子平の兄友諒（嘉善）が父の禄を引き継ぐと、兄は大番士に取り立てられ、百五十石を与えられて正式に仙台藩士となる。この頃、友諒は一家を引き連れて仙台に移り住み、川内に居を構えた。子平も兄が仙台藩士となった関係で、一七五七年（宝《ほう》暦《れき》七）江戸から仙台に移った。

子平は、兄の部屋住みで無給の武士ながら、自由の身であることを生かして北から南まで諸国を見て回った。藩に届けを出せば姉たちがいる江戸にも滞在出来た。そこで見聞きしたことを元に、藩政に関する様々な政策を上層部に進言するものの、残念ながら聞き入れてもらえなかった。それでも意欲は衰《おとろ》えることなく、江戸では、工藤平助、桂川甫周、大槻玄沢らの蘭学者と交わった。

『三国通覧図説』『海国兵談』を著す

江戸で子平を金銭的に助けたのは 仙台藩江戸詰の藩医工藤平助であった。

子平は、持ち前の行動力で長崎へも三度赴き、町人やオランダ通詞、さらにオランダ商館長にも会い、蝦夷地や海外の情報などを入手している。これらの成果をまとめたのが、『三国通覧図説《さんごくつうらんずせつ》』や『海国兵談《かいこくへいだん》』である。

なお、子平の人物像にかかわるものをいくつか紹介すれば、工藤平助は彼を「性格はやすらかで欲は少ない。大義を考えている。全国を踏破《とうは》している。質素な生活ぶりである」などと記している。また、武芸のたしなみも相当あったようである。子平はまた、蒲生君平、高山彦九郎とともに「寛政の三奇人」と呼ばれたが、この「奇人」の意味は「偉な人」「傑出した人」という意味である。

『三国通覧図説』は、林子平が四十八歳の一七八五年（天明《てんめい》五）に完成。その内容は、日本と隣接する三国（朝鮮・琉球・蝦夷《えぞ》）および小笠原諸島（父島・母島などの小笠原群島、硫黄島など硫黄列島など）の地誌を、五枚の地図と合わせたものである。その執筆目的について子平は、「地理を知ることは政治的・軍事的に重要であり、まず隣接するこれらの地域を把握すべきである」と述べている。

この本の中で子平がもっとも注目したのが蝦夷地の問題である。「今後はロ

▼オランダ通詞（つうじ）
江戸時代にオランダとの貿易を行う際、事務に必要な通訳および税関の仕事を兼務した役人。初めは平戸に置かれたが、一六四〇年（寛永十七）以降は長崎に移った。

▼蝦夷地（えぞち）
江戸時代から明治初期にかけて、アイヌの人々が住む地域という意味で使われた。和人地（日本人が住む地域）の対語。北海道を指すと思われがちだが、本来は樺太（サハリン）、千島を含めた広い範囲を指す。

▼蒲生君平（がもう・くんぺい）（一七六八～一八一三）
江戸後期の儒学者。下野国宇都宮（栃木県宇都宮市）生まれ。父は町人福田又右衛門正栄で油屋と農業を営む。天皇陵を踏破して『山陵志』を著した尊王論者。

▼高山彦九郎（たかやま・ひこくろう）（一七四七～一七九三）
江戸時代後期の尊皇思想家。上野国新田郡細谷村（現群馬県太田市）の郷士高山良左衛門正教の二男として生まれる。勤皇の志を持ち、各

地を遊歴して勤皇論を説いた。
▼**在所蟄居（ざいしょちっきょ）**　江戸時代、武士に科された刑罰の一種。自宅や一定の場所に閉じ込めて謹慎させたものをいい、終身のものは永蟄居（えいちっきょ）と呼ばれた。
▼**第二上書（だいにじょうしょ）**　子平は藩政改革に関する提言を計三回出したが、その二番目の提言書。

江戸末期（寛政10年）頃の蝦夷地（『仙台市史』近世3（5）

シアの勢力が及んでいること、蝦夷人《えぞじん》を手なずけ、蝦夷地《えぞち》を獲得する動きを警戒し、今のうちに蝦夷人に見られる日本を慕《した》う面を活用して彼らへの教化を進め、その上でソウヤ（宗谷）・シラヌシ（樺太南部）まで日本の領土とすべきである」、子平はそう提言している。

彼はまた、金・銀・銅といった鉱山資源、材木、魚介類など、蝦夷地における資源開発についても少し触れている。この点は『海国兵談《かいこくへいだん》』で持論を展開している。

『海国兵談』は、『三国通覧図説《さんごくつうらんずせつ》』から六年後の一七九一年（寛政《かんせい》三）、子平が五十四歳の時に自費で出版した。資金難からわずか三十八部のみの発行だったという。本の中で子平は「日本のような四方を海に囲まれた海国は、外国の軍艦が順風を得れば、遠方からも一気に迫り来るので、大砲などで防備を固めることが重要である」と指摘。そのためには、「艦船《かんせん》の建造、水主・兵士たちの訓練が重要」であると主張。長崎などで情報を集めたヨーロッパ式の船・武器・道具類・戦法・図を交え、その長所や欠点にも触れている。さらに船の種類による対処法や風向きの注意点といった、実際の戦闘を想定した幅広く、詳細な論考を

▼馬草（うまくさ）
馬の餌となる干し草。

▼養蚕（ようさん）
蚕（かいこ）を飼い、繭（まゆ）を取って、絹布の素材となる生糸を生産すること。蚕の餌となる桑の栽培も同時に行う必要がある。仙台藩内では、磐井地方（現岩手県一関市）、志津川（現南三陸町）、丸森（現丸森町）など各地で盛んにおこなわれた。明治期になって最盛期を迎え、輸出によって外貨獲得に貢献した。

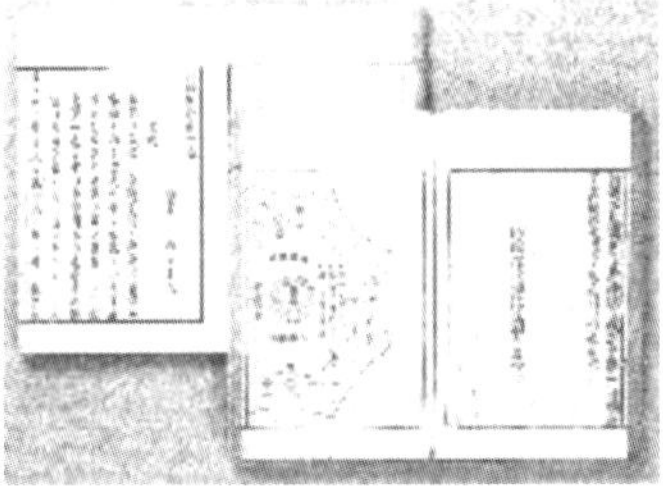
林子平が著した『海国兵談』（『仙台市史』近世3（5）

行っている。

しかし、その内容が軍事的だったことなどから幕府の取り締まりに遭い、版木《はんぎ》（当時は手彫りの版木による木版印刷）まで没収されてしまう。子平自身は兄のいる仙台で在所蟄居となり、そのまま許されることなく病没した。

江戸末期に海防を主張した意義

林子平は、政治・経済・教育などに関する著作も残している。その中には仙台藩に対して藩政改革を提言したいくつかの上書がある。そのうち、『第二上書』は、財政再建のための具体策を述べたものである。まず、「金一千両を利貸しして増やすこと」を述べ、次に「学問・武芸・医学など総合的な学校をつくり、人材育成を図る」、としている。さらに、仙台の自然環境に合った産物として、馬草・漆《うるし》・桑《くわ》（養蚕用）・楮《こうぞ》（和紙の原料）などの栽培、ナマコ・アワビなどの生産を奨励。仙台藩領や盛岡藩領の名産である馬の販売について工夫すること、そして最終的には全国に向けて出荷できる仙台藩の特産物をいくつかつくることを提唱している。このほか、飢餓《きが》の警戒、倹約《けんやく》の奨励《しょうれい》、貨幣政策《かへいせいさく》についても言及している。

林子平の後世の評価としては、子平が没した翌年、幕府が諸藩に海防体制の強化を命じ、寛政の改革を行った松平定信自身も江戸湾周辺の巡視をしていること。その後、ロシアなど欧米諸国が接近してくることを考えれば、子平に先見の明があったことは明らかだろう。

幕府が子平を赦免したのは、子平の死後半世紀近い一八四三年（天保《てんぽう》十二）である。

▼松平定信（まつだいら・さだのぶ）（一七五九〜一八二九）
江戸時代中期の大名、老中。陸奥国白河藩（現福島県）三代藩主。江戸幕府八代将軍・徳川吉宗の孫に当たる。一七八七年（天明七）から一七九三年（寛政五）まで寛政の改革を行った。

▼赦免（しゃめん）
罪や過ちを許し、名誉を回復させること。罪による拘束から解き放つこと。

林子平の墓（仙台市青葉区子平町の龍雲院）

宮城県庁前にある林子平像（勾当台公園）

8 大槻 磐渓（おおつき・ばんけい）

十七歳で幕府の最高学問所入所

大槻 磐渓

大槻磐渓（おおつき・ばんけい）（一八〇一～一八七八）は、一関の宗家《そうけ》大槻家の江戸分家である大槻玄沢の次男として、今から約二百年前、江戸に生まれる。享年七十四歳。維新時は六十八歳。養賢堂学頭（学長）。儒者。漢学者。

父の玄沢は、磐井郡《いわいぐん》中里（現一関市）に生まれ、著名な蘭学者である杉田玄白に学ぶ。仙台藩の学問所養賢堂の学頭になり、儒学一辺倒の学風を破り、外国語や造船技術まで含む総合大学とも言える基礎をつくった。なお、玄沢の孫で、磐渓の三男である文彦は、わが国最初の国語辞典『言海《げんかい》』を編纂した国語学者である。

磐渓は、父の強い願いから、漢学者の道を歩むことになる。八歳になった磐渓は、漢学の勉強を本格的に始めた。どんな学問にも積極的な磐渓は、学ん

▼養賢堂（ようけんどう）
藩を担う優秀な人材育成のため、仙台藩の儒学者高橋玉斎が五代藩主吉村に上書して採択され開校。七代重村によって整備拡充され、東北随一の藩校として発展した。一八一〇年（文化七）四代学頭大槻平泉は大幅な学制改革を行い、四書五経を中心とした儒学（朱子学）を仙台藩の学問とし、漢学、国学、算法、書学、礼法、兵学、剣術、槍術、柔術、楽、ロシア語、さらに医学を養成するための洋学、英学、蘭方医学が教授された。

▼蘭学（らんがく）
江戸中期以降、オランダ語によって西洋の学術を研究しようとした学問。前野良沢・杉田玄白・大槻玄沢ら蘭学者を排出。シーボルトの寄与が大きかった。医学・天文学・博物学・兵学・化学などの学術まで及んだ。

だことをどんどん身につけ、十歳になると、他の漢学者が驚くほどの漢文を書くようになっていた。そして十七歳のとき、幕府の最高教育機関である昌平坂学問所に入学、そこで十年間、漢学の勉強に打ち込んだ。学問を追究するため全国から集まってきた若者らと鍛え合う日々でもあった。

　この頃になると、日本各地の沿岸に外国の船が頻繁に姿を見せるようになっていた。二十七歳になった磐渓は、昌平坂学問所にこもって勉強することだけで、世の中の役に立つ人間になれるのか、疑問を抱くようになっていた。そして外国の様子はどうなっているのだろうかと考えるようになる。もっと詳しく外国のことを知るために、長崎に行きたいと思うようになる。長崎は日本でただ一つ、オランダとの貿易が行われていた外国への窓口だった。磐渓は思い切って、父の玄沢に対し、長崎に行きたい旨を申し出る。

浦賀に米国軍艦来航

最初は息子の長崎行きに賛成しなかった父玄沢《げんたく》だが、「日本を守るためには

▼杉田玄白（すぎた・げんぱく）（一七三三～一八一七）
　江戸後期の蘭方医。江戸の小浜藩邸に生まれる。家は代々藩の外科医を務める。前野良沢らと『解体新書』を翻訳。著『蘭学事始』『形影夜話』『野叟独語』など。

▼儒学（じゅがく）
　孔子に始まる中国古来の政治・道徳の学。諸子百家の一つ。日本には応神天皇末期（五世紀前後）に「論語」が伝来したとされるが、社会一般に及んだのは江戸時代以降。

▼編纂（へんさん）
　いろいろな材料を集めて整理し、一つの書物にまとめること。編集。

▼昌平坂学問所（しょうへいざかがくもんじょ）
　昌平黌（しょうへいこう）とも呼ばれる。江戸幕府の儒学を主とした学校。林羅山（はやし・らざん）が上野忍岡に創設した家塾（後に弘文館）に始まる。元禄三年、将軍綱吉が孔子廟とともに湯島昌平坂に移し、大成殿（聖堂）を造営し、林家当主に主宰させた。一七九六年（寛

漢学だけでなく、西洋の事情も知らなければならない」という磐渓の強い思いを知り、ついに長崎に行くことを許した。それでも息子のことを心配した父は、出発の際、知り合いの学者五十五人の紹介状を磐渓に持たせたという。磐渓は、紹介状を握りしめ、胸を張って長崎に旅立った。

磐渓は、有名な学者を訪ねながら長崎を目指した。しかし、その途中で父が亡くなったことを知り、予定を変更して江戸に戻ることになる。翌年、ようやく長崎に赴くことが出来たが、なおも運命に翻弄《ほんろう》される。長崎では、西洋人が起こした事件のため、直接オランダ人に会うことが叶わなかったが、砲術家である高島秋帆《しゅうはん》らに会うことが出来た。これが次のチャンスへとつながる。

一八四一年（天保十二）には、高島が指導する、当時最も進んだ軍隊の戦い方である西洋砲術演習を見学する機会に恵まれた。そこで興味を持ち、西洋砲術を学ぶ。

磐渓が五十三歳のとき、黒船が突然神奈川の浦賀沖に姿を現した。日本国内では上を下への大事件である。鎖国政策を続ける幕府に開国を迫るため、はるばるアメリカからやって来たのだった。仙台藩も動いた。西洋の進んだ文明について

政九）幕府直轄の学問所となり、主に旗本、御家人の子弟を教育した。江戸学問所。

▼漢学（かんがく）

中国の漢詩・漢文・思想などを研究する学問の分野。

▼砲術（ほうじゅつ）

火薬を用いた銃砲などの武芸の一種。我が国の砲術の発達は、五期に分けられる。第一期は鉄砲の普及につれて鉄砲師が輩出され流派を立てた。第二期は大砲術が流行。第三期は戦いから遊離した見物的な花火の類が流行。第四期は銃砲を戦術的に活用し、船軍による火術演習。第五期は西洋流砲術が起こり、和流砲術は衰退。個人の技量の鍛錬と戦術の活用を目指す。

▼黒船（くろふね）

安土桃山時代から江戸初期にかけて来航したヨーロッパの木造外洋帆船。いわゆる南蛮船のこと。幕末期には欧米来航船を含むタール塗装の洋式艦船を黒船と称した。中でも一八五三年（嘉永六）浦賀に来航したペリー艦隊は開国の引き

金となったことから黒船の代名詞となっている。

▼**浦賀**（うらが）　現在の神奈川県横須賀市東部の地名。

浦賀沖の黒船を写生する磐渓

詳しい磐渓に白羽の矢が立った。早速、磐渓を浦賀に向かわせた。磐渓は浦賀に着くと、黒船の様子を見届けた。四隻の黒船はそれまで日本人が誰も見たことのない軍艦だった。

黒船は翌年も現れた。今度は七隻の軍艦である。磐渓は報告のために泊まり込みで黒船を写生した。もっと詳しく調べようと決心し、大胆な行動に打って出た。ある晩、飲料水や燃料の薪（木材）を運ぶための船で黒船に近づくことに成功したのである。

磐渓は、軍艦に乗り込んでいた中国人の通訳と話をすることが出来た。当時の中国は、イギリスとの戦争に敗れ、植民地にされていた。中国人の通訳は、戦争で乱れた中国から逃げて来たのだった。

開国を進言　今日の基盤を導く

磐渓は仙台藩だけでなく、幕府に対しても開国が必要であるという意見書を提出した。当時、外国人を日本から出すべきだと考える人の方が多く、開国を訴えたために命を落とす人も出ていた。磐渓の身にも危険が迫っていた。しかし、磐渓は自分の考えを変えようとはしなかった。

　やがて、幕府は二百年以上に及んだ鎖国政策に終止符を打ち、開国に踏み切ることを決めた。日米和親条約が締結された一八五四年（嘉永《かえい》七）のことである。ところが、大政奉還《たいせいほうかん》によって武士の時代が終わり、江戸から明治へと時代が変わる歴史的転換点において薩長軍との戦争、幕府軍と薩長軍（新政府軍）との権力闘争とも言える戊辰戦争が勃発する。仙台藩は薩長軍から幕府に味方した会津藩追討を命じられる。仙台藩は幕府軍と薩長軍のどちらに味方したらよいか決めかねていた。藩の重臣は、外国の事情に詳しく、知識豊かな磐渓から意見を聞いた。

　磐渓は、「今、国内で争っている場合ではない。それに、薩長軍は外国人を追い出せと言っているが、この考えは間違いである。幕府が決断した開国は正しかった」と答えた。仙台藩の重臣は、磐渓の意見を取り入れ、薩長軍に会津藩を許して戦争を止めるように手紙を送った。だが、この手紙は薩長軍に届かなかった。

▼日米和親条約（にちべいわしんじょうやく）

一八五四年（嘉永七）三月三日（新暦では三月三十一日）江戸幕府とアメリカ合衆国との間で締結された条約。神奈川条約とも呼ぶ。日本側全権林復斎、アメリカ側はペリー。日本側は下田と函館を開港することなどの十二か条の内容。

▼薩長（さっちょう）

薩摩（さつま）と長州（ちょうしゅう）。薩摩は旧国名で今の鹿児島県西部。薩州。長州は長門（ながと）国の別称。

▼戊辰戦争（ぼしんせんそう）

慶応四年・明治元年（一八六八）から明治二年（一八六九）にかけて行われた日本の内戦。王政復古・大政奉還を経て明治政府を樹立した薩摩・長州・土佐各藩らを中心とした新政府軍と、旧幕府勢力および奥羽越列藩同盟が戦った。戊辰の名称は慶応四年・明治元年の干支が戊辰であることに由来する。

磐渓らの願いもむなしく、やがて仙台藩や東北地方の諸藩は、薩長軍との戦争に巻き込まれていった。六十二万石の大藩であった仙台藩は、奥羽越列藩同盟の盟主となって戦うものの、戦力に勝る新政府軍に敗れて降伏。戦争の責任を取らされた坂時秀、但木土佐の重臣二人が死刑となり、磐渓も一関の宗家にいたところを捕縛《ほばく》され、仙台に送られて投獄された。死を覚悟した磐渓だったが、弟子たちの嘆願もあって翌年、自由の身となった。磐渓はその後、東京に移り、静かな余生を送ったという。

▼坂時秀（さか・ときひで）（一八三三～一八六九）
幕末の仙台藩の重臣。通称は英力（えいりき）。仙台藩の使者として上洛した際、徳川慶喜と直接会談して感銘を受け、藩の宿老・但木土佐と共に仙台藩の佐幕派として藩政の中枢を掌握した。戊辰戦争においても但木と共に奥羽越列藩同盟の主導的な役割を果たした。

▼但木土佐（ただき・とさ）（一八一七～一八六九）
幕末の仙台藩の奉行。叛逆首謀の罪で、坂時秀と共に麻布の仙台藩下屋敷で斬首された。

JR一ノ関駅前にある大槻三賢人の像

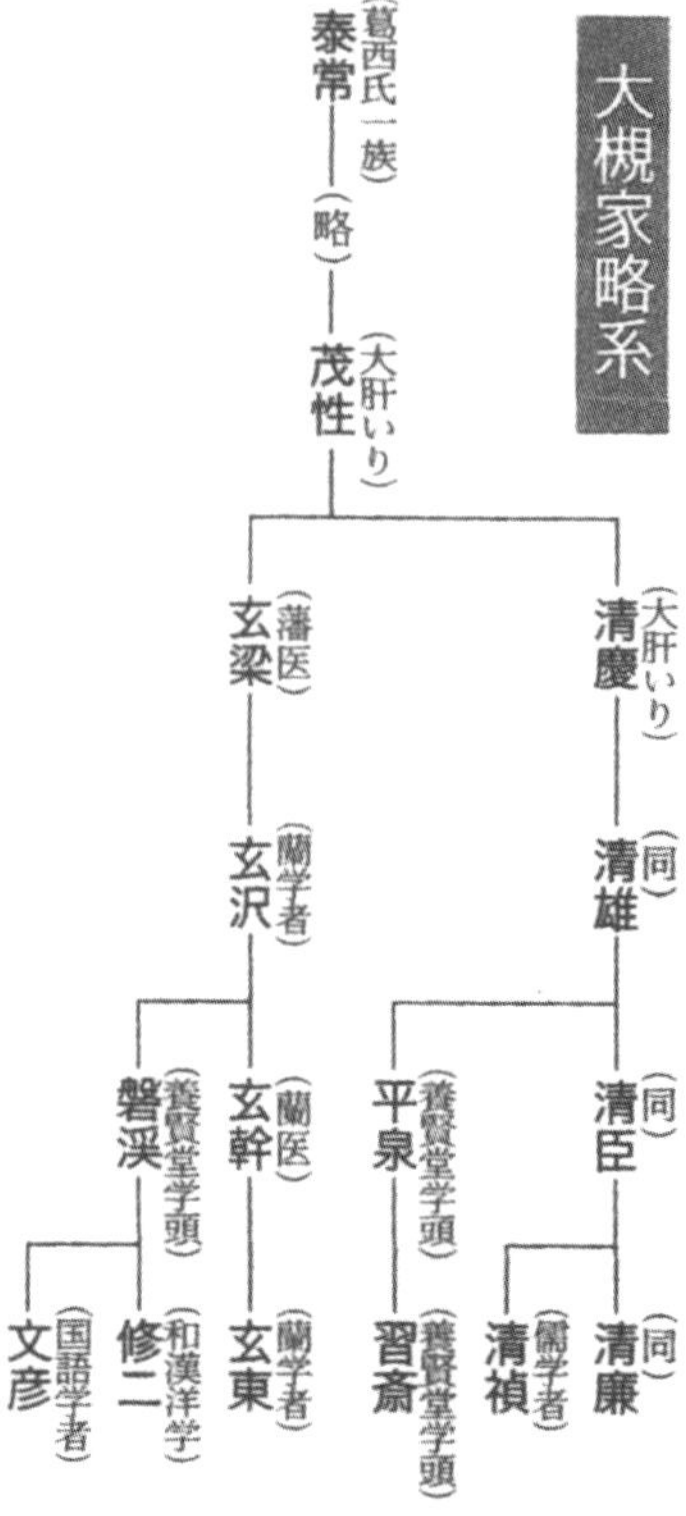

第二章

海を渡る

石巻市渡波のサンファン館にある復元船・サン・ファン・バウティスタ号の雄姿

写真・鈴木開

9 支倉 常長（はせくら・つねなが）

慶長遣欧使節船、石巻出航

支倉 常長

支倉常長（はせくら・つねなが）は、仙台藩主伊達政宗の家臣。一五七一（元亀《げんき》二）～一六二二（元和《げんな》七）。元来は山口常成の子であったが、伯父支倉時正の養子となる。

一六一三年（慶長《けいちょう》一八）十月二十八日、慶長遣欧使節の大使として、石巻の牡鹿《おしか》半島にある月浦から一隻の船が出航しようとしていた。サン・ファン・バウティスタ号という大きな洋式《ようしき》帆船（ガレオン船）である。この船に乗って支倉常長は、太平洋を渡り、遠くメキシコ・スペイン・ローマへと旅立った。

当時、日本人が太平洋を渡るのは、命がけの大冒険だった。使節船は総トン数約五〇〇トン級の大型船で、当時、日本人が太平洋を渡るのは、命がけの大冒険だった。使節船の船材は気仙《けせん》・磐井《いわい》・江刺《えさし》・本吉《もとよし》から調達された。石巻に

▼慶長遣欧使節（けいちょうけんおうしせつ）

慶長・元和年間（一五九六～一六二四）に、伊達政宗が家臣支倉常長を正使としてローマ教皇のもとに派遣した使節。フランシスコ会東北司教区の実現を狙う宣教師ソテロの勧告で、ノビスパニア（メキシコ）との通商を望んだ政宗は、ローマ教皇とスペイン国王に使節を計画。当時のヨーロッパの政情や徳川家康の禁教令発布の報が現地に伝わっていたことなども原因となり、支倉使節は成果なく、一六二〇年（元和六）に仙台に帰着した。

▼帆船（はんせん）

帆（ほ）に受ける風力を利用して進む船。帆前船（ほまえせん）。

復元されたサン・ファン・バウティスタ号もこの数値を基準としているようで、江戸時代の千石船に匹敵する大船だった。

乗船人員は、『伊達治家記録』は百八十余名と記し、他に商人もいたようだ。乗員の一部として、幕府船奉行《ふねぶぎょう》の向井将監忠勝配下の者十名ほど、一行の案内役として、使節派遣を政宗、幕府に強く勧めた宣教師ソテロとビスカイノら南蛮人四十名ほども加わっていた。常長に同行した随員《ずいいん》は約三十名。そして商売用として荷物も数百個積み込まれ、同船は使節船でもあり、貿易船でもあったようだ。

支倉常長の外交交渉

サン・ファン・バウティスタ号のアカプルコ入港は、ノビスパニア（メキシコ）側に必ずしも歓迎されたわけではなかった。ソテロの報告によれば、常長一行が冷遇された理由は、日本とノビスパニアとの直接貿易が始まると、これまでルソンを根拠地として日本との貿易をしてきたノビスパニア商人が経済的

▼千石船（せんごくぶね）
米一〇〇〇石相当の積載能力を持つ船の総称。また江戸時代海運の主力型だった弁才船（べざいせん）に対する俗称。

▼伊達治家記録（だてじけきろく）
伊達家で編纂された仙台藩の正史。

▼向井将監忠勝（むかいしょうげん・ただかつ）（一五八二～一六四一）
徳川幕府の御召船奉行。二代将軍秀忠の信頼は篤く、造船技術は父譲りであり、三代将軍家光の命により江戸幕府の史上最大の御座船「安宅丸」を建造した。また、伊達政宗が支倉常長を欧州に派遣した際に使用された船「サン・ファン・バウティスタ号」の建造の際には公儀大工や御内衆を派遣し、出航の際には航海安全の祈祷札を届けさせている。

▼南蛮人（なんばんじん）
広義には南方地域およびそこを経由してきた者、狭義にはポルトガル、スペインのカトリック国の人たちを指すようになった。

打撃を受けることになるとの考えからであった。こうした入港時の混乱は、一カ月半後のノビスパニア総督の布告《ふこく》によってようやく鎮《しず》まった。布告の内容は、使節一行が同国を通過することを許し、一行に対して危害を与えたりしてはならないというものだった。

アカプルコを立って首都メキシコ市に向かった常長一行は、大歓迎を受けた。一六一四年三月、メキシコ市に到着すると、一行は揃《そろ》いの服を身に着け、騎馬《きば》で隊列を組み、政庁に赴《おもむ》いた。そしてノビスパニア総督《そうとく》への書簡を提出した。その内容は、奥州でのキリスト教の布教を望むこと、宣教師の入国を認めること、さらにノビスパニアとの貿易を希望することなど、相互の交通及び貿易を提案するものであった。しかし、この使節側の提案に対し、ノビスパニア側は否定的であった。特にノビスパニア総督《そうとく》の国王フェリペ三世への書簡《しょかん》（意見）は重く、常長一行の命運を左右するものとなっていくのであった。

イスパニア経由、ローマに至る

常長一行がマドリードに入った頃、イスパニア（スペイン）では、支倉常長が

▼ソテロ（一五七四～一六二四）
ルイス・ソテロ（Luis Sotelo）。スペイン出身の宣教師でフランシスコ会士。一六〇三年（慶長八）来日。徳川家康、伊達政宗の知遇を得、伊達政宗の派遣した慶長遣欧使節で支倉常長に同行した。

▼アカプルコ
メキシコ南部、メキシコ市の南西約三〇〇キロにある太平洋に面したリゾート都市。スペイン植民地時代にはメキシコとフィリピン、中国などを結ぶ貿易港として繁栄した。

▼ノビスパニア総督
スペイン植民地時代のメキシコの呼称（新メキシコの意）。総督は植民地の政務・軍務を統括する長官。

▼マドリード
スペインの首都。国のほぼ中央に位置する。王宮、プラド美術館、大闘牛場などもあり、市街の美麗なことで知られる。

▼公爵（こうしゃく）
五等爵（公・侯・伯・子・男）の第一位。

宮城県慶長使節船ミュージアムにあるサン・ファン・バウティスタ号の復元船（撮影・鈴木開）

アカプルコにある常長像

日本皇帝（将軍）の大使か、奥州王の大使か、その資格をめぐって議論していた。待遇《たいぐう》のことだけでなく、取り扱い方如何《いかん》では日本内の問題にもなりかねないとの認識からであった。国王フェリペ三世に対する謁見《えっけん》もそのため遅れ、マドリード到着一ヵ月後の一六一五年一月、ようやく許された。

二月十七日、常長はデスカルサス・レアレス（王立フランシスコ会跣足派女子修道院）で、国王や王族、高官らが多数出席する前で、イスパニアの宰相《さいしょう》（首相）であるレルマ公爵を教父《きょうふ》、ニェブラ伯爵夫人を教母《きょうぼ》として洗礼《せんれい》を受け、ドン・フィリッポ・フランシスコの名を授けられた。

こうした努力にもかかわらず、イスパニア政府との交渉は難航した。イスパニア国の貿易問題を審議《しんぎ》する顧問会議《こもんかいぎ》は、常長の申し入れに懐疑的《かいぎてき》で、締結《ていけつ》には否定的であった。もっともレルマ公爵のような有力者にも使節の理解者はいたが、大勢にはならなかった。そこで常長はキリスト教信者となって予定のローマ訪問を実現し、教皇《きょうこう》の力を借りて外交交渉を打開《だかい》しようとしたのである。これに対しインド顧問会議は、イスパニアには一行の旅費や滞在費を負担する財政的余裕もなく、かつ常長のローマ行きの必要性もないとこれに反対した。

支倉常長一行の航路

▼バルセロナ
スペイン南東部、地中海に面したカタルーニャ州の州都。人口は首都マドリードに次いでスペインで第二位の約百六十万人。国際会議が数多く開かれる国際観光都市。

しかし、常長の強い希望に加え、レルマ公爵《こうしゃく》の尽力《じんりょく》などで国王はローマ行きの承認を与え、ようやく実現する運びとなったのである。常長らはマドリードに八ヵ月ほど滞在し、八月下旬にローマに向けて出発した。

マドリードでの交渉が不調に終わった理由はいくつかある。当時、日本でキリスト教の取り締まりが強化されていることが伝わったことや、政宗が日本国の代表者ではなく、一大名でしかないこと、使節一行、特にソテロへの中傷などが原因として挙げられる。

一行はこうした状況のなか、アルカラ、ササゴサ、レリダと旅を続け、スペイン南東部の地中海に面したバルセロナに入った。ここからイタリア半島のジェノヴァを目指して出航。先々イスパニア国から連絡があり、各地で盛大な歓迎を受けた。南フランスのサントロペに寄港した常長一行は、地元領主の厚遇《こうぐう》を受けている。十月十一日にジェノヴァに到着。一行は天正遣欧少年使節以来の日本からの使節ということで、大統領に謁見《えっけん》するなど大変な歓迎を受けた。そして、マドリード出発から約二ヵ月後の十月十八日、無事ローマの外港チビタベッキアに入港した。

▼ジェノヴァ

イタリア北西部、同名の湾に臨む港湾都市。地中海最古の港の一つ。コロンブスの生誕地。ミラノ、トリノとともに「工業の三角形地帯」をなす。

▼サントロペ

フランス南東部の保養地コート・ダジュールにある避暑地。二十世紀初頭までは小さな漁村だったが、一九五〇年代になってフランスを代表する芸術家たちが好んで過ごすようになり、今では世界的なリゾート地として有名。

▼天正遣欧少年使節（てんしょうけんおうしょうねんしせつ）

一五八二年（天正十）イエズス会東方巡察師ヴァリニャーノの発案によって南ヨーロッパに派遣された、九州の三キリシタン大名にゆかりのある十三歳前後の四人の日本人少年たちの使節。スペイン、ポルトガル、イタリアの各都市で熱烈な歓迎を受け、ローマ教皇にも謁見した。一五九〇年（天正十八）八月、八年間の旅を終えて長崎に戻った。

ローマ教皇謁見、帰国の途へ

ローマ入りと同時に教皇に内謁見《ないえっけん》が許されたことは破格《はかく》の名誉で、常長は万感胸に迫る思いであったに違いない。パウロ五世は早速、ボルゲーゼ卿《きょう》に常長一行の入市式を盛大に行うよう命じた。入市の行列は、ラッパ手を先頭とする近衛兵騎兵《このえへいきへい》、各国大使館関係者、ローマ、フランス、イスパニアの盛装《せいそう》した貴族・紳士、太鼓・ラッパの奏楽隊《そうがくたい》、華麗な貴族・紳士の騎馬行列、常長の随員、そして次が支倉常長の乗る馬車である。その後に大小の馬車が続いた。

教皇《きょうこう》との正式な謁見《えっけん》はヴァチカン宮殿で行われた。常長は教皇の前に進み出て、その足に接吻《せっぷん》したあと、主君伊達政宗から教皇に宛《あ》てられた親書《しんしょ》を奉呈《ほうてい》した。常長がローマに滞在したのは約二ヵ月半である。ローマ市議会は支倉常長並びにその随員にローマ市公民権証書を贈る決議を可決し、さらに満場一致で常長を貴族に列することとした。しかし、ノビスパニアとの貿易のことは、マドリード駐在大使にイスパニア国王と交渉するように命じた。結局、外交交渉は再びマドリードに移されることになったのである。

失意のうちにノビスパニアに戻った常長を待っていたのは、日本より再度アカプルコに入港し、出迎えに来た政宗の船サン・ファン・バウティスタ号であった。仙台藩士横澤将監吉久が乗船してきた。このアカプルコ再入港も、両国の冷え切った関係を反映し、一触即発《いっしょくそくはつ》の状況下で実現したものであった。一六一八年六月、アカプルコから南回り航路を二ヵ月ほどかけて航海し、ルソン島のマニラに到着した。サン・ファン・バウティスタ号は海軍を強化しようとしていたイスパニア当局に半ば強制的に買い上げられた。その後の船の消息は不明である。

一六二〇年九月二十日（元和《げんな》六年八月二十四日）、常長は七年ぶりに故国《ここく》の土を踏んだ。キリスト教の取り締まりが強化されつつある当時の日本の状況下で、常長はどのように迎えられたのかを示す史料は残されていない。常長は帰国後二年を経た元和八年七月一日に数え五十二歳で死去したとされている。（以上「仙台市史」参照）

▼横澤将監吉久（よこざわ・しょうげん・よしひさ）（生没年不詳）

伊達政宗の命を受け、慶長遣欧使節を率いて南欧に渡った支倉常長を迎えるため、一六一六年（元和二）に浦賀からアカプルコ（メキシコ）へ、サン・ファン・バウティスタ号で渡り、その際に船長の任を受け持った。帰路に立ち寄ったマニラ（フィリピン）で改宗し、キリシタンとなった。一六二〇年（元和六）に帰国。後藤寿庵（ごとう・じゅあん）の治水工事に共感して、寛政年間に将監堤（現仙台市泉区）を築堤した。国分氏から分家して横澤を名乗り、将監と称した。宮城郡実沢村（現仙台市泉区寺岡六丁目）に居住した。

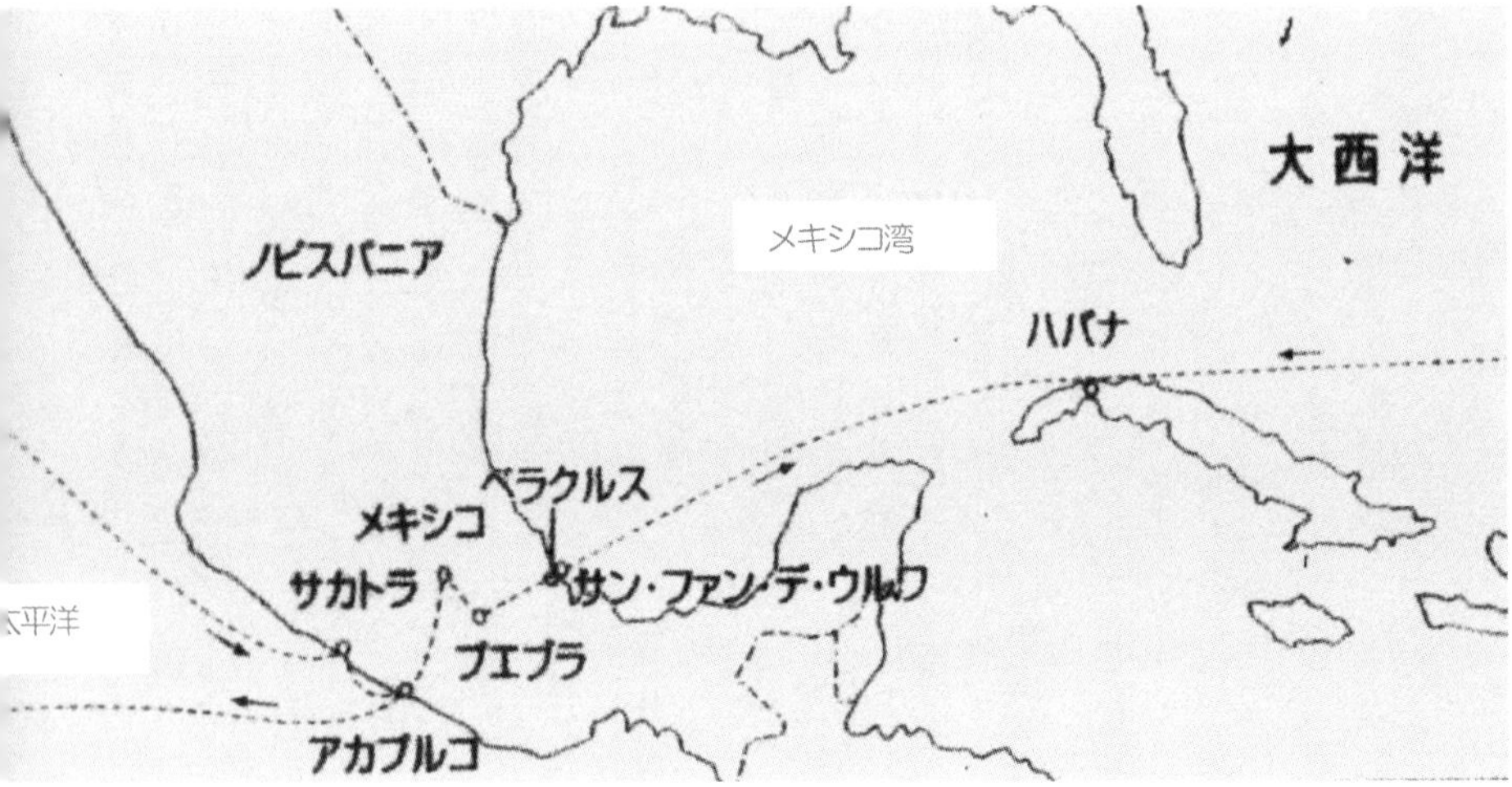

支倉常長一行がたどった太平洋からメキシコ、大西洋を経由してヨーロッパまでのルート

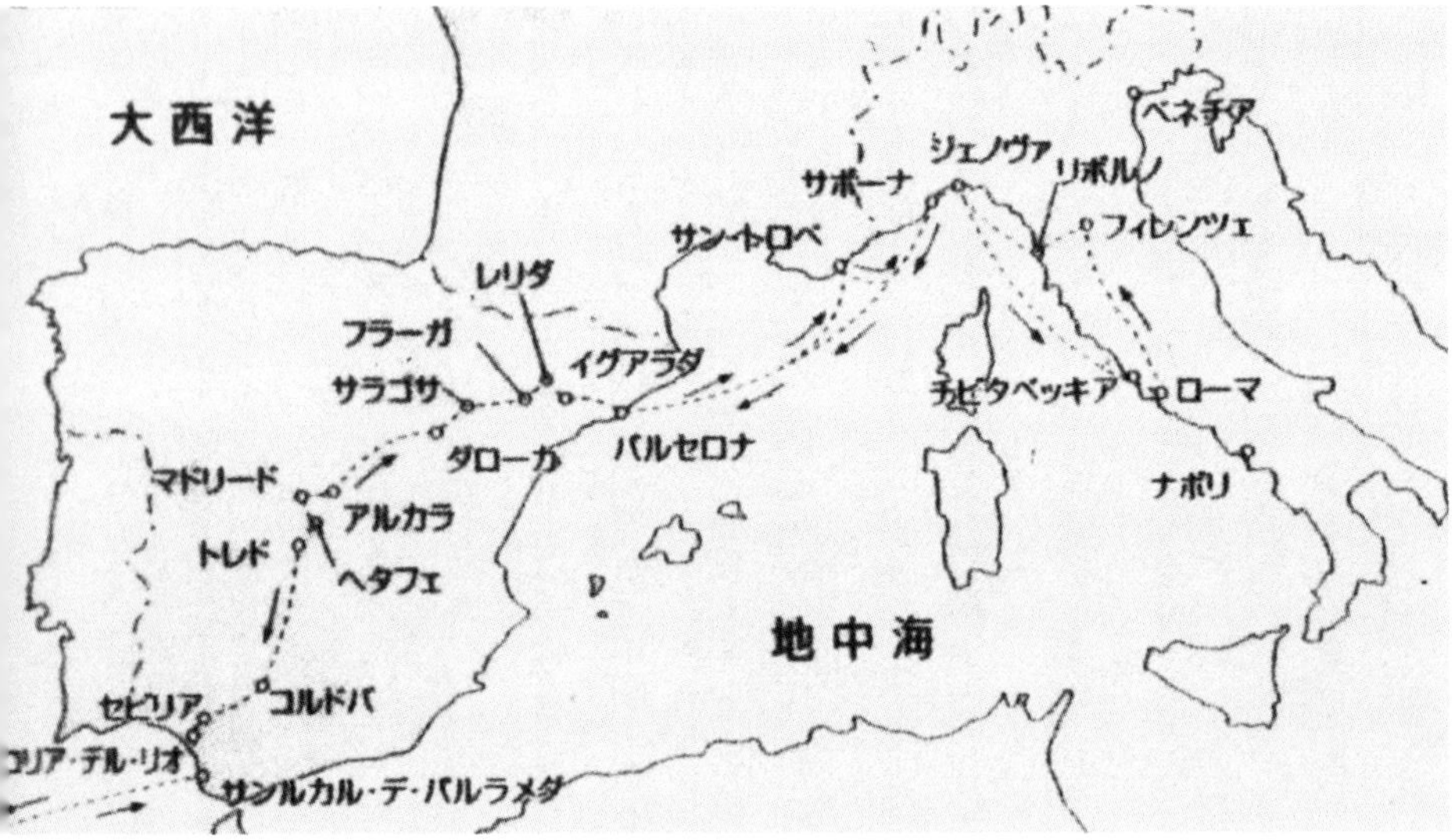

スペイン、フランスを経由してイタリアのローマまでのルート

10　石巻「若宮丸漂流民」の記憶

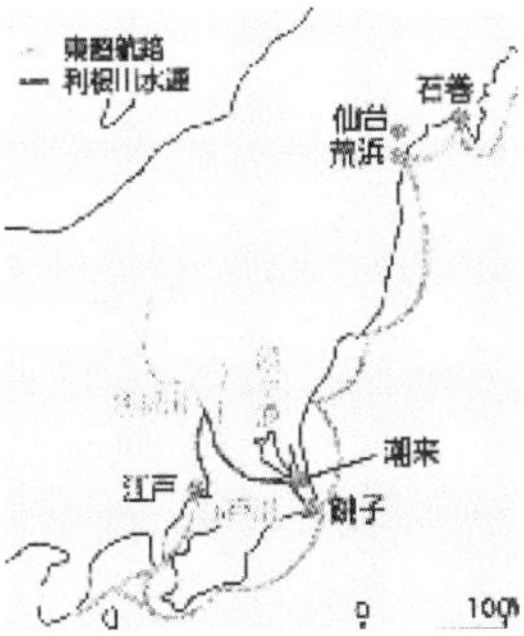

石巻から江戸までの東回り航

▼千石船（せんごくぶね）

米を千石（百五十トン）積むことが出来る大型の外洋荷船（貨物船）。ただ、実際の積載量は数百石（数十トン）から二千石（三百トン）くらいまで大小様々だった。若宮丸八百石（百二十トン）積であった。大きな一枚の帆で風を受けて走行する木造帆船。

▼若宮丸十六人の乗組員と出身地

石巻六人、小竹浜二人（以上石巻市）、室浜三人（東松島市）、寒風沢四人、石浜一人（以上塩釜市）。

初めて世界一周した日本人

若宮丸の航海

現代でさえ、世界一周と聞けば大変な旅であるが、今から百六十年以上前の江戸時代末期、思いがけず、日本人で初めて世界一周を果たした男たちが仙台藩にいた。石巻《いしのまき》の千石船「若宮丸」の乗組員四人である。それは自ら望んだ旅ではなかったはずだが、二十一世紀に生きる私たちにも、壮大なスケールをもって迫ってくる男たちの物語である。（以下「石巻若宮丸漂流民の会」発行誌参照）

一八五八年（寛政《かんせい》五）十一月二十七日、石巻裏町の米澤屋平之丞の持ち船「若宮丸」は、千三百俵（およそ八十トン）の米と材木を積み込み、十六人の乗組員とともに石巻湊から江戸に向かって出航した。しかし、その二日後、福島の塩屋崎《しおやざき》沖で暴風雨に遭遇《そうぐう》して遭難《そうなん》。舵《かじ》が壊れ、操船不能《そうせんふのう》の危機に陥る。転覆《てんぷく》を免《のが》れるために帆柱《ほばしら》を切り捨てた若宮丸は、自力での航行が不能となっ

▼アリュート
アリューシャン列島のこと。米国アラスカ州に属する。アラスカ半島とロシア領コマンドル諸島の間に弧状に連なる。

▼イルクーツク
ロシア中部の同名州の州都。バイカル湖の南西、アンガラ川の畔にある。十七世紀に建設された。東シベリアの政治・経済・文化の中心地。人口は六十二万三千人（二〇一七年）。

『石巻絵図』北上川の河岸に多くの蔵が立ち並ぶ（『仙台市史』近世2より）

てしまう。風と潮流に身を任せるしかない。陸地はどんどん遠くなり、乗組員らは初冬の太平洋を東へ北へと流されていくのをただ見守るしかなかった。

幸い、積み荷は米だった。雨水で渇《かわ》きをしのぎながら、漂流すること五ヵ月半。初めて見えた島影は、春だというのに雪に覆われたアリューシャン列島の小さな島だった。十六人の乗組員全員が生きてその島に上陸することが出来たが、上陸直後、船頭《せんどう》の平兵衛《へえべい》（船主の息子）が亡くなる。残された十五人は、異国の島に平兵衛を埋葬《まいそう》した。漂流民たちは、島に住む異国の人々の服装を見て驚いた。鳥の羽や海獣《かいじゅう》の毛皮を身に着けたアリュート人だった。当然ながら言葉は通じなかったが、彼らは、漂流民をあたたかく迎え、助けてくれた。

この島にラッコ漁の基地を置いていたロシア人の援助を受け、漁の手伝いなどをしながらおよそ十一ヵ月島に滞在。当時の国際情勢では、ロシアは日本との通商を望んでいた時期であり、その交渉に漂流民が役立つかもしれないと考えていた。漂流民たちは、バイカル湖に近いシベリア最大の町イルクーツクに移送されることになった。

まず、ラッコの毛皮を集めるロシア人の船に便乗してオホーツク海に面した港町オホーツクへ向かう。途中、船が流氷に乗り上げたりした。オホーツクからイルクーツクまではおよそ二千五百キロ。札幌から鹿児島まで車で行く距離とほぼ同じである。当時は馬で五ヵ月から六ヵ月もかかったという。そこで、十五人を三つのグループに分け順次出発。途中は野営をしながら道なき道を進む過酷な旅となった。道半ばのヤクーツクで市五郎が病死、残されたのは十四人になった。

イルクーツク七年、そして首都へ

イルクーツクは、三千戸もの家々が立ち並ぶ大きな町であった。バイカル湖に流れ込むリア・アンガラ川沿いに位置し、古くから中国や朝鮮などとの国境貿易の町として繁栄していた。漂流民たちはここで七年間暮らすことになる。この頃には日常会話が出来るくらいまでロシア語を覚えていたといい、初めて目にする異国の風俗、生活習慣などを帰国後詳しく語っている。ロシアでは日雇《ひやと》いの仕事をするなど、徐々に地元の生活に馴染《なじ》んでいった。

このイルクーツクで善六、辰蔵、巳之助、八三郎の四人がロシア正教《せいきょう》の洗礼《せんれい》を

▼**流氷（りゅうひょう）**
寒帯地方の海面が凍って割れ、風または海流によって運ばれ、海上を漂流する氷のこと。海氷。氷山や川の水が凍って海に流れ出る河川氷もある。

▼**善六（ぜんろく）**
「水主（かこ）」（船頭以外の船員）。石巻出身。出航時は二十四歳。通訳としてカムチャツカに同行。

▼**辰蔵（たつぞう）**
「水主」。塩釜出身。二十二歳。

▼**巳之助（みのすけ）**
「炊（かしき）」（炊事担当の見習い）。石巻出身。

▼**八三郎（はちさぶろう）**
「水主」。石巻出身。二十五歳。

▼**吉次郎（きちじろう）**
「船親父（ふねおやじ）」（船内の仕事を取り仕切る水主頭）。石巻（小竹浜）出身。六十七歳。イルクーツクで死去。享年七十三歳。

▼**左太夫（さだゆう）**
「舵取り」。寒風沢（塩釜市）出身。五十一歳。病気でイルクーツクに戻る。

受けてロシアに帰化《きか》、日本には帰らず、そのままロシアで生きていくことを選択した。それが漂流民の間にギクシャクした感情を生むことになる。十四人に微妙な対立関係が生じる中、最年長で船親父《ふねおやじ》（水主《かこ》の頭《かしら》）だった吉次郎が病死した。それをきっかけに残された十三人は再び心を合わせる。

イルクーツクでの生活も七年が過ぎた頃、ロシア政府は世界一周の探検航海の計画を進めていた。この計画に日本との通商交渉を加えることを決め、漂流民たちを急遽《きゅうきょ》、サンクトペテルブルク（当時のロシア帝国の首都）に呼び出した。昼も夜も馬車で走り続けること五十日、途中、左太夫、銀三郎、清蔵の三人が病気のため旅を断念。残った十人がようやくサンクトペテルブルクにたどり着いた。

ロシア皇帝に謁見

ロシア帝国の首都サンクトペテルブルクは、当時、文化面でも世界有数の先進都市だった。芝居小屋、気球、プラネタリウム、巨大地球儀など最先端のエ

▼銀三郎（ぎんざぶろう）
「水主」。室浜（東松島市）出身。二十九歳。病気でイルクーツクへ戻る。

▼清蔵（せいぞう）
「水主」。石巻出身。年齢不詳。途中、病気でイルクーツクに戻る。

▼サンクトペテルブルク
ロシア西部、バルト海東部の最奥部に位置し、人口は五百三十九万人。首都モスクワに次いでロシア第二位。人口百万人以上の大都市では世界で最も北に位置する。レニングラード州の州都。一九一七年まではロシア帝国の首都だった。一九九〇年、世界遺産に登録された「エルミタージュ美術館」がある。

▼エンターテイメント
娯楽、演芸、余興など。

▼帰化（きか）
他国の国籍を得て、その国民になること。

多十郎がロシア皇帝から下賜されたラシャ製のジャケット（奥松島縄文文化資料館蔵）

ロシア皇帝に謁見したした際のイメージ

ンターテイメントが立ち並び、漂流民たちを驚かせた。そして絢爛豪華《けんらんごうか》な宮殿に招かれ、皇帝アレクサンドル一世に謁見《えっけん》が許された。この時、皇帝は「このままロシアに残るか、日本に帰りたいか」と尋ねたという。

「今後、自分たちはどうなってしまうのだろうか」。漂流民たちの中には、不安が沸き起こった。日本では海外への渡航とキリスト教が厳しく禁じられていた時代である。たとえロシアから無事日本に帰国できたとしても、どんな扱いを受けるか分からない。結局、帰国を望んだのは津太夫、儀兵衛、左平、多十郎の四人だけ。すでにロシアへの帰化を決めた四人に加え、巳之助も洗礼を受けてロシアに残ることを決めた。

世界一周そして十二年ぶりの帰国

遣日《けんにち》修好使節として、ザーノフを隊長とする世界周航船ナジェージタ号が日本へ向かうことになった。帰国を希望した四人のほかに、ロシアに帰化した善六も通訳として乗り込んでいた。大きな希望を持ってサンクトペテルブルクのクロンシュタット港を出たナジェージダ号は、途中、デンマークのコペンハーゲン、イギリスのファマス、スペイン領カナリア諸島のテネリフェ島を経て大西洋を横断。赤道を越えてさらに南下し、ブラジル南部のサンタカタリーナ島に立ち寄った後、南米最南端のホーン岬へ向かう。ここは世界でも有数の海難事故多発地域であり、ナジェージダ号も西風と海流に押し戻されてあやうく南極まで流されそうになった。ようやく乗り切って太平洋に出ると、ポリネシアのマルケリス諸島から再度赤道を越えてさらに北上、ハワイ諸島を経て、カム

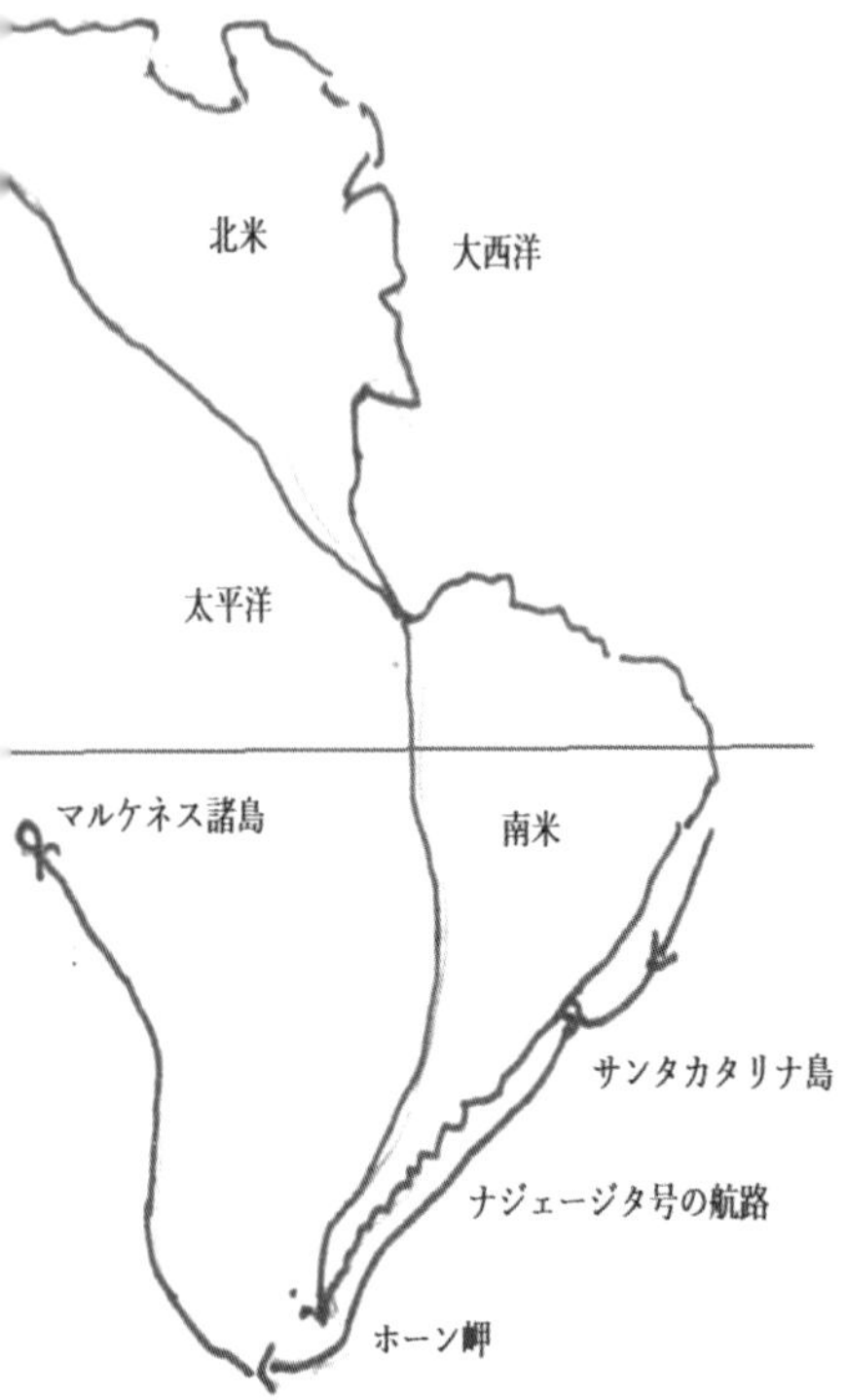

▼クロンシュタット
ロシア西部、フィンランド湾の奥にあるコトリン島にある港湾都市。かつてのバルチック艦隊の母港。十月革命の中心地の一つ。

▼コペンハーゲン
デンマーク王国の首都。バルト海の入り口、シェラン島の東海岸にある。人口五十二万人。

▼マルケリス諸島
ポリネシア諸島の東にある火山群島。一八四二年にフランス領。住民はポリネシア系。

▼カムチャツカ半島
ロシア東端の北西太平洋に突き出した半島。東はベーリング海、西はオホーツク海に面し、千島海峡を隔てて千島列島のシュムシュ島と対する。長さ約千二百キロ。

▼大槻玄沢（おおつき・げんたく）
（一七五七～一八二七）

江戸後期の蘭学者。蘭医。仙台藩臣。江戸に出て杉田玄白、前野良沢に医学・蘭学を学び、長崎に遊学。

チャツカ半島のペトロパブロフスクまでたどり着いた。およそ一年三ヵ月にわたる世界一周の航海だった。

一八〇四年（文化六）九月六日、漂流民四人を乗せたナジェージダ号は、長崎に到着した。しかし、長崎の役人は突然現れたロシア船に態度を決めかね、上陸を許したのは二ヵ月後だった。漂流民たちは十一年ぶりに祖国の土を踏んだ。津太夫ら四人は、さらに二ヵ月に及ぶ取り調べを受け、仙台藩の役人に引き渡されて江戸へ向かう。

若宮丸漂流民の足跡と彼らが見たもの

12 年ぶりに帰郷したルート

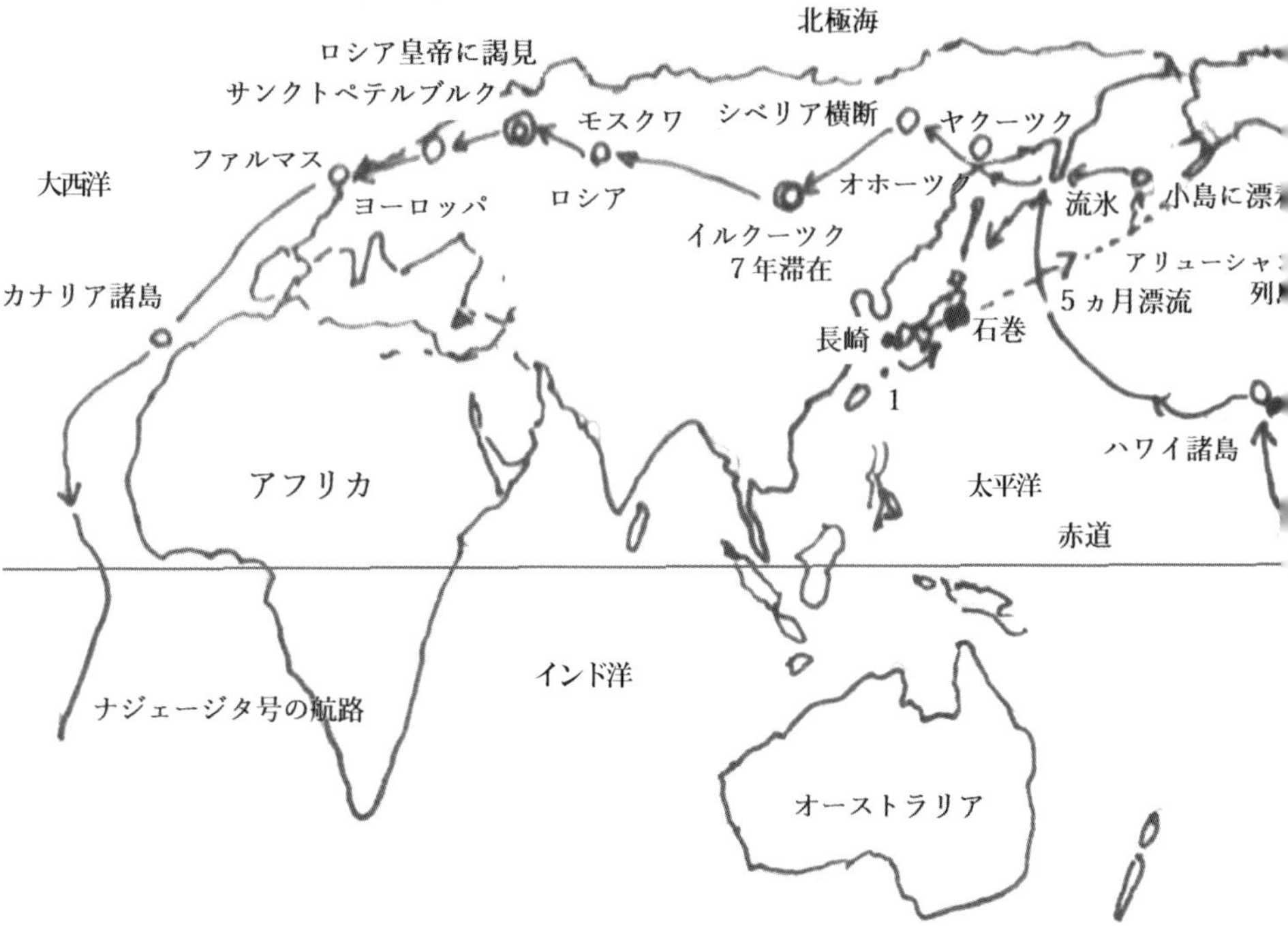

そこでまた仙台藩の学者大槻玄沢と志村弘強に尋問《じんもん》を受け、一八〇六年、ようやく故郷の寒風沢《さぶさわ》（塩釜市）や室浜《むろはま》（東松島市）に帰り着いた。若宮丸で石巻を出航してから十二年。故郷では乗組員十六人は全員死んだものとしてあきらめ、出航した日を命日として七回忌には立派な供養碑《くようひ》まで建てていた。

石巻市山下町の禅昌寺境内にある若宮丸の供養碑は、一九八九年（平成元）、庭園を直していたときに、石橋の土台になっていたのが発見され、改めて立て直された。長崎で自殺を図った多十郎は帰郷して間もなく亡くなっている。彼がロシア皇帝から下賜されたラシャ製の上着は、若宮丸漂流の唯一の遺品として今も奥松島縄文文化資料館（東松島市）に残されている。

津太夫と左平は、一八〇七年に幕府の若年寄堀田正敦の蝦夷地巡検の際、箱館（函館）でロシアの情報を提供している。四人のうち、最年長でまとめ役だった津太夫は、帰郷から八年後に七十歳で、左平はその十五年後に六十七歳で亡くなった。

禅昌寺（石巻市山下町）にある若宮丸の供養碑

▼志村弘強（しむら・ひろゆき）（一七六七～一八四三）
江戸時代後期の儒学者。水沢出身（現奥州市）。江戸に出て神田湯島の昌平坂学問所で学ぶ。後に学問所の師範、仙台藩の藩校「養賢堂」の学頭となる。

▼下賜（かし）
天皇や皇帝など身分の高い人が金品を与えること。

▼ラシャ
ポルトガル語で毛織物のこと。南蛮貿易で日本に渡来した。ウールの織物。

▼奥松島縄文村歴史資料館（おくまつしまじょうもんむられきししりょうかん）
東松島市宮戸にある。近くにある縄文時代の里浜貝塚から出土した土器や骨角器、装身具、縄文人の食料である魚や獣の骨などを展示している。

11 玉蟲 左太夫（たまむし・さだゆう）

日米修好通商条約批准で渡米

玉蟲 左太夫

玉蟲左太夫（たまむし・さだゆう）（一八二三〜一八六九）。本名は誼茂《やすしげ》。平維《たいらこれ》茂《もち》を祖とし、武田信玄、徳川家旗本、伊達家と仕え、武芸を家業とした。仙台藩士鷹匠頭玉蟲伸茂の七男として仙台の北五番丁で生まれる。軍事局応援統取、養賢堂統取、大番士百七十二石。

左太夫は幼少期から学問好きで、藩校の養賢堂に入学し、蘭学者大槻磐渓に学んだ。才識が非凡であると見込まれ、十三歳のとき藩士荒井東吾の養子となったが、二十四歳のとき妻を失い、時勢を感じて義父に養子の解消を申し出た。玉蟲姓に戻ると脱藩を企て、危険を冒しながらも江戸へ向かう。そして江戸湯《ゆ》島《しま》の商家に下男として住み込み、その後は幕府の儒学者、大学頭の林復斎の私塾「昌平黌」（後の昌平坂学問所）に入る。天下の秀才が集う中で、左太夫は

▼鷹匠（たかしょう）
鷹を飼い、鷹狩りに従事する役。鷹飼。鷹師。鷹使い。

▼養賢堂（ようけんどう）
仙台藩の学問所。五代吉村の時代（一七二一）、仙台藩儒学者芦野東山（あしの・とうざん）、儒学者高橋玉斎（たかはし・ぎょくさい）が各々藩校開校を建言。一七三六年設置され、一七七二年年から養賢堂と称される。

▼大槻磐渓（おおつき・ばんけい）
（一八〇一〜一八七八）
幕末・維新期の砲術家。儒者。蘭学者大槻玄沢の次男。大槻習斎の後を継いで養賢堂学頭。戊辰戦争の際、奥羽越列藩同盟を支持した文書を起草し、投獄される。

▼林復斎（はやし・ふくさい）
（一八〇一〜一八五九）
江戸末期の儒学者・外交官。幕府

めきめきと頭角を現し、塾長代講に推される。

安政の初めに仙台藩江戸藩邸の学問所「順造館」に移って教授を務め、富田鉄之助、高橋是清、横尾東作、木村信卿ら若者たちの指導に当たって秀才を育てた。

一八五七年（安政四）、幕府の箱根奉行堀利熙《ほりとしひろ》の北蝦夷地《きたえぞち》探索の一員に左太夫が抜擢《ばってき》され、近習として随行。佐賀藩士島義勇《しまよしたけ》らと五ヵ月間に渡って、蝦夷地（北海道）、樺太（サハリン）などを踏査した。左太夫は外国に対する備えに危機感を持ち、アイヌの人々への同情心を示し、風俗や見聞きしたものを『入《にゅ》北記《うほくき》』（全九巻）に著した。その内容が評価され、幕府に才能を認められた。

三年後の一八六〇年（万延元）一月、左太夫は林大学頭の推挙により、日米修好通商条約批准のための幕府正使、新見正興《しんみまさおき》の従者としてアメリカの軍艦ポーハタン号で渡米する。

米国軍艦ポーハタン号

朱子学者林家当主。昌平黌の学問所御用を務め、後に塾頭となった。

▼昌平黌（しょうへいこう）

一七九〇年（寛政二）、神田湯島に設立された幕府直轄の学問所。昌平坂学問所ともいう。元々は一六三〇年（寛永七）、江戸初期の儒学者・林羅山（はやし・らざん）が家康から与えられた上野の屋敷に開いた私塾が起源。

▼富田鉄之助（とみた・てつのすけ）

（一八三五〜一九一六）

桃生郡小野村（現東松島市）生まれ。氷解塾の師である勝海舟の子息・小鹿（ころく）が米国留学の際、仙台藩の給費生として留学。滞在中、岩倉使節団の大久保利通、伊藤博文の通訳を務める。外交官を経て日本銀行総裁、東京府知事、貴族院議員。一橋大学創立にも関わる。

▼高橋是清（たかはし・これきよ）

（一八五四〜一九三六）

勝海舟の子息・小鹿が米国留学の際、大童信夫の配慮で留学生として渡米。富田鉄之助、高木三郎も同行。帰国後は農務省の役人を経て養牧業、翻訳家、相場師と仕事を転々とし、再び官僚になる。正金銀行頭取、日本銀行総裁、そして大蔵大臣、総理大臣を歴任し、政治家・財政家として歴史に残る。子爵。享年八十二歳。

▼横尾東作（よこお・とうさく）
（一八三九〜一九〇三）

パラオなどの南洋貿易に乗り出した冒険家。仙台藩士。硫黄島の探検航海を成功させた。「東洋のコロンブス」と呼ばれる。

▼木村信卿（きむら・のぶあき）
（一八四〇〜一八八七）

仙台柳町に生まれる。八歳で養賢堂に学び、十歳で経書を代講する秀才。江戸に出て海兵学、蘭学、仏学び、横浜のフランス公使館書記官となり仏語会話・翻訳を学ぶ。維新後、仏語の能力を見込まれて陸軍に入り、兵語辞書編纂、兵要地誌作成などを担当。陸軍少佐となり、その後は編集課長兼地図課長。日本で最初の陸軍式「路上図式」を作成した。


この年の三月、桜田門外の変が起き、大老の井伊直弼が倒れた頃は、一行はまだ船の上だった。ハワイのホノルル、サンフランシスコ、パナマを経由し、大西洋を北上。一ヵ月半に及ぶ米国滞在中、首都ワシントンをはじめニューヨークやフィラデルフィアなど東海岸各地を訪問した。

米国各地を見聞し『航米日録』執筆

左太夫は、アメリカにおいて、資本主義発展の経済的活力と、市民社会の文化的活力を見た。この頃、アメリカでは南北戦争を迎えることになる。そのアメリカのニューヨーク港から、使節一行はナイアガラ号に乗り、帰国の途についた。ナイアガラ号は、アメリカの誇る新造船で、その後は大西洋を横断、アフリカ最南端の喜望峰《きぼうほう》、インド洋を経由して帰国した。左太夫は全行程の十ヵ月間、体験したことや西洋文明に対する驚き、賞賛、批判を一日も欠かさず書き記し、『航米日録』としてまとめた。第十三代藩主・伊達慶邦《よしくに》に帰国報告を行った際、日誌を献上した。慶邦はその内容の素晴らしさに賞詞《しょうし》を贈ったという。この本は、今も日本人による紀行文の最も優れた一冊として評価されている。

大西洋を航行中に左太夫が体験したエピソードがある。米国人の水夫が病死したのである。その水葬は、船長らが列席のもとで皆が悲しみのうちに執行された。左太夫は、「わが国では身分の低い者の葬式に上官は列席せず、こうして親子のような情を交わすことはない。かの国がますます盛んになるのは、上下の情が厚く、団結力が強いからであろう」と記している。左太夫には、身分の差が何より優先される「礼儀の国」日本と、身分の差が薄い活動的な「情の国」アメリカの違いが、こうした体験からはっきりと認識できるようになっていたのだろう。封建社会から抜け出していない日本と、民主主義社会にあるアメリカの違いを、左太夫はその明敏な感受性によって早くも正確に探り当てていたのである。

植民地支配の現実を認識

左太夫は、ナイアガラ号で喜望峰《きぼうほう》を回り、ジャカルタ、香港を経るコースで帰国した。中国においては、イギリスの支配下にある香港を見、イギリスやフラ

▼近習（きんじゅう）
主君の傍で仕えること。またはその人。

▼批准（ひじゅん）
全権委員が署名した条約を、当該国家において憲法上条約締結権を与えられたものが確認して同意すること。

▼井伊直弼（いい・なおすけ）
（一八一五～一八六〇）
幕府の大老。彦根藩主。勅許（勅命による許可）を得ずに外国と条約を結び、反対派を弾圧したことで桜田門外で暗殺された。

▼南北戦争（なんぼくせんそう）
アメリカ合衆国の南北両地域に起こった内戦。十九世紀前半、奴隷制大農園が基盤の南部と産業社会への途上にあった北部とが併存していた時代、西部への奴隷制拡大を巡って対立が起き、一八六〇年にリンカーン大統領が当選。北部の勝利で合衆国の統一が維持され、奴隷制度も廃止された。

▼**大番士（おおばんし）**
大番組に入った者。家格によって城内二の丸の詰め所に分けられ、「口三間番士」といい、総称して「詰所以上」と呼ばれた。

▼**指南（しなん）**
教え導くこと。手引き。師範。

玉蟲の残した『航米日録』

ンスをはじめとする列強から押し付けられた不利な条約の締結を知る。やがて、広東《かんとん》地方一帯が植民地化されるであろうことを予見している。彼の目は、アジアやアフリカと日本を同じ地平に見据えながら、欧米列強諸国の表と裏の二つの顔を鋭く見抜いていた、といってよいであろう。それと同じ構図を、左太夫はアジア・アフリカの人々と欧米列強諸国との間に見出していた。

一八六〇年（万延《まんえん》元）九月二十八日、左太夫は地球を一周した航海を無事終えて江戸の土を踏んだ。帰国後、左太夫は仙台藩に小姓組《こしょうくみ》並みの身分で迎えられ、藩王にアメリカから持ち帰った書籍を献上している。その後、諸方面の探索や情報収集に当たって『官武通記』などいくつかの記録をまとめている。やがて大番士の身分となり、一八六六年（慶応《けいおう》二）五月には養賢堂指南統取に任ぜられた。

海外での見聞は、左太夫にとってどのような影響を与えたのであろうか。『人心を和し上下一致せんとすることを論ず』と題された左太夫の自筆の原稿は、万国に伍するために必要であることや、そのための対策を説いたものである。随所に自筆による推敲《すいこう》の跡が見られる。

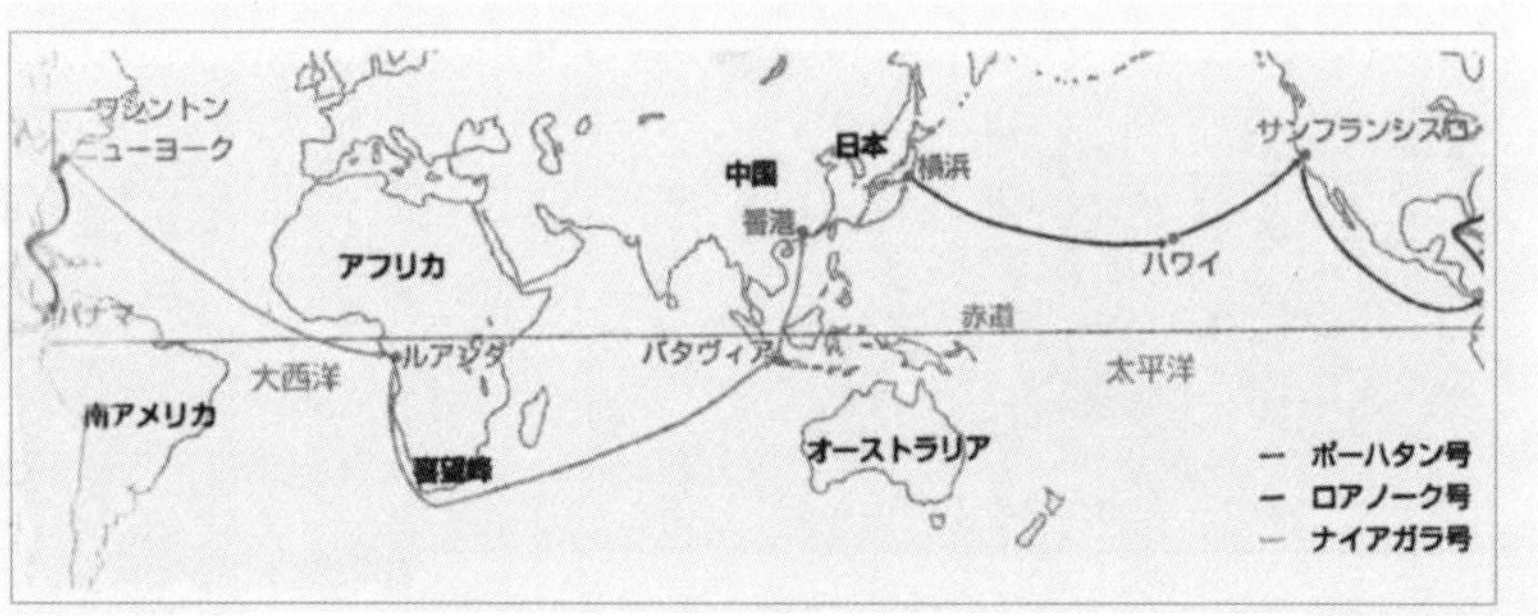

玉蟲たち遣米使節団の行程（『仙台市史』近世３〈通史５〉）

洋上でビールを味わう

ビールメーカーキリンのホームページには、「洋上でのビール体験を記録した筆まめ遣米《けんべい》大使」として玉蟲左太夫のことが紹介されている。出航して間もなく、ビールを口にする機会があり、初めて飲んだ感想について「苦味《にがみ》なれども口を湿すに足る」と書き残しているという。毎日の記録の中に食べ物や飲み物があってもおかしくないが、生まれて初めて飲んだ驚きはいかほどのものだったろうか。今となれば、その事細かな記録は単なる出来事の羅列《られつ》ではなく、人間としての感情や体感のこもった、生きた記録としても価値があると思えてならない。

そうした華やかな体験の一方で、彼の最期は劇的なものだった。一八六八年（慶応四）に戊辰戦争が起きると、奥羽越列藩同盟の成立に力を尽くしたものの、戦後はその責任を問われ、翌一八六九年（明治二）の敗戦後に捕縛《ほばく》されて投獄された。そうした失意の中で、獄中で切腹した。享年四十七歳だった。

12 フランク安田（やすだ）

石巻からアラスカ北端の地に

フランク安田

フランク安田（本名・安田恭輔《きょうすけ》）は、一八六八年（明治元）、石巻の医者をしていた安田家の三男として生まれた。十歳のとき、母を病気で亡くし、翌年には父も亡くしたことで、生きるために町にある船会社で暮らすことになる。十五歳で三菱汽船の給仕係として働き始める。恭輔は船員から話を聞くうちに、アメリカに憧《あこが》れを持つようになった。

恭輔が十九歳になると、見習い船員としてアメリカ航路の貨物船に乗り込むことになった。カリフォルニアに渡った恭輔は、サンフランシスコ近郊の農場で働くようになり、名前をフランク安田と変える。やがて伝手《つて》をたどって沿岸警備船で雑用係として働き始める。乗った船はアラスカの海岸沿いをパトロールしながら、密漁船の取り締まりや、先住民族イヌイットの村に食料など援助

▼アラスカ
北米大陸の北西部にあるアメリカ合衆国で最大の州（四十九番目の州）。面積は一七一万七八〇〇平方キロで、日本の約四・五倍。東部はカナダと国境を接し、アメリカ本土とは飛び地になっている。北は北極海、西はベーリング海峡を挟んでロシアと接する。中部にあるマッキンリー山（標高六一九四メートル）は北米大陸の最高峰で、二〇一五年に名称がデナリに変更された。州の約三分の一は北極圏内にあり、平地でも一面の雪原となるツンドラ地帯である。

▼イヌイット

グリーンランド、アラスカ、カナダ、シベリア東端部など極地のツンドラ地域に居住する先住民族の総称。カナダではイヌイットと自称し、公的にもそう呼ぶが、グリーンランドではカーリット、アラスカではエスキモーが公的な総称。人種的にはモンゴロイドに属する。

生肉を食べるフランクたち

物資を運んだりするのが仕事だった。

ある時、フランクは船長の命令で、気象隊員としてポイントバローで下船することになった。そこはアラスカでも最も北に位置し、北極海に面した極寒の村だった。鯨《くじら》などの海の動物を獲って暮らすイヌイットが五百人ほど住んでいて、ほかには商売で滞在しているアメリカ人が数人住んでいるだけだった。

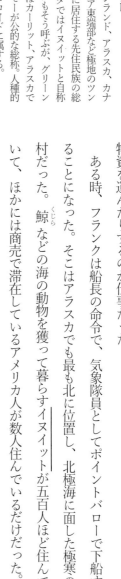

イヌイットは、他の人種とは簡単に仲良くならないと言われていた。しかし、フランクがイヌイットの村を何度も訪れているうち、自然と仲間に入れてもらえるようになったという。人種的に近いアジア人の顔がイヌイットによく似ていたこと、フランクがイヌイットの常食である生の肉を平気で食べていたことが、受け入れてもらえた理由だったのだろう。彼らはフランクのことを「ジャパン」という名前のイヌイットだと思い込んでいたのだった。

ポイントバローで暮らすことを決めたフランクは、イヌイットの言葉を覚え、狩猟《しゅりょう》の腕を磨いた。やがて腕のいい若者として、多くのイヌイットから認められるようになる。狩猟グループの親方にはネビロという娘がいた。フランクはネビロと仲良くなり、やがて二人は結ばれ結婚。文字通りイヌイットの一員と

▼麻疹（ましん・はしか）
俗に「はしか」ともいう。麻疹ウィルスを病原体とする感染症で、代表的な小児疾患。疱瘡（ほうそう）は「器量定め」、麻疹は「命定め」とも言われ、顔にあばたを残す疱瘡よりも死亡率の高い麻疹が恐れられていた。

▼金（きん、ゴールド）
金は金属の中でも最も比重が大きく、光沢があり、錆びない性質を持つ。古来希少な財宝として珍重されている。

安田（左）とカーター

なった。

イヌイットの生存の危機を救う

この頃からポイントバローでは、白人の密漁などが原因で鯨《くじら》とアザラシなど海の動物が獲れなくなり、イヌイットたちは暮らしに困るようになっていた。麻疹の流行で亡くなる村人も多くなり、存亡の危機に追い込まれた村人たちはフランクに助けを求め、村の存続を彼に託《たく》した。

そんなある日、フランクはアラスカで金（ゴールド）を探すためポイントバローにやって来たカーターというアメリカ人と出会う。カーターはフランクに「山分けするから一緒に金探しをしないか」と持ち掛けたが、フランクは金探しのことは何も分からず、カーターが信用できる人間かどうかも判断がつきかねたことも不安だった。その一方で、次々に死んでゆくイヌイットの仲間や家族のことを考えると、何とかしなければならないという焦《あせ》りがどんどん膨らんでいくのだった。「イヌイットが生きていくためには、食料となる動物を探すこと、お金を手に

▼砂金（さきん）
地表に露出した金鉱脈が風化や浸食を受け、細かい粒状の自然金となって砂や礫（れき）と共に堆積したもの。日本国内の砂金は七四九年（天平二一）に陸奥国小田郡（現宮城県遠田郡涌谷町）より産出したのが最初とされる。

原野を行くイヌイット

入れることが必要だ」。そう考えたフランクは、カーターの申し出に賭《か》けてみることにした。
それから、フランクと妻のネビロ、カーターの三人は、金探しのためアラスカの内陸部に分け入って行った。当てのない金探しは三年が過ぎ、やがてフランクとネビロは子どもを授かった。女の子だった。ある日のこと、フランクはテントの傍《そば》に置いてあった草の束に、キラキラと光を放つ“砂粒”を見つけ、急いでカーターを呼んだ。近くを流れる小川の底には、おびただしい数の砂金があった。カーターはこの場所を「シャンダラー鉱山」と名付けて金を掘り始めた。フランクはカーターとの約束通り、大金を分けてもらい、ポイントバローに戻った。
フランクは村人たちに「(移住するのに) いい場所が見つかった。魚は獲れるし、ビーバーがたくさんいて毛皮は高く売れる。しかし、鯨《くじら》やアザラシがいるわけではない。それでも行きたいという人は (私に) ついてきてほしい」。村人たちの意見は半々に分かれた。賛成したのは若者が多く、様子を見てから考える人もいた。

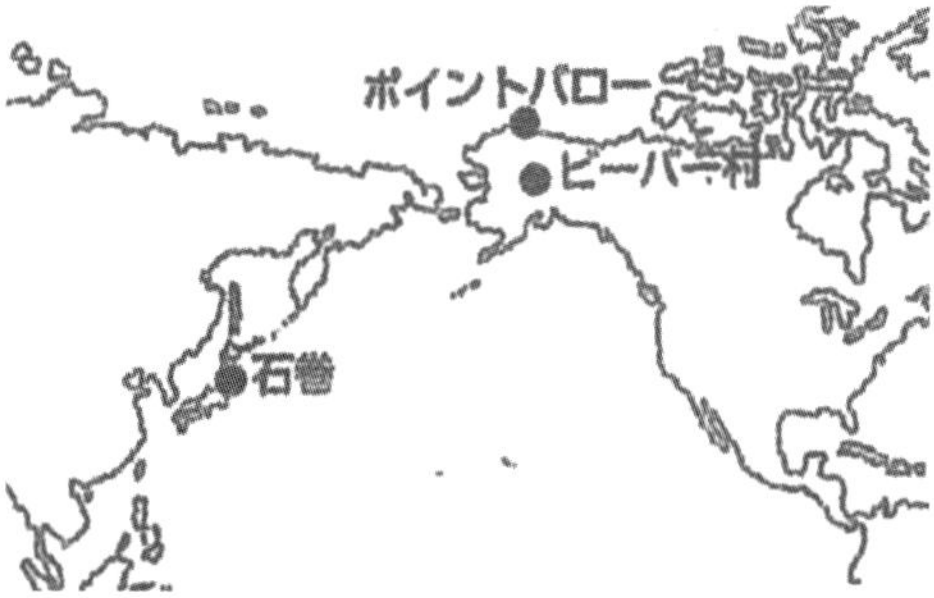

アラスカ州のポイントバローとビーバー村

ビーバー村と命名

移住するのに賛成したのは、ポイントバローの村人のうち約百人、金探しの途中で出会ったイヌイットが約百人、合わせて二百人を連れての大移動が始まった。食料や水、生活用品などを犬ぞりに積み込み、長い隊列《たいれつ》を組んで新しい移住地に向けて出発した。過酷な旅路だった。フランクは皆を励ましながら、雪と氷に覆《おお》われた二千メートル級の山々が連なるブルックス山脈を越え、八百キロもの道のりを進んだ。

日本人には想像しにくいことだが、この旅でイヌイットの人々を苦しめたのは、寒さよりも「木のにおい」だったという。北極海に面したポイントバローには樹木《じゅもく》が生えておらず、人々は木のにおいに慣れていなかった。大人から子どもまで、樹木のにおいに耐えられず、バタバタと倒れる人が続出した。においに慣れるため、一行は三日間も足止めを余儀なくされた。二百人ものイヌイットを、八百キロも離れた新天地に犬ぞりで連れて行くという途方もない大事業に加え、さらに大きな難題《なんだい》が立ちはだかっていた。

ビーバー村のオーロラ

▼モーゼ

旧約聖書の『出エジプト記』などの現れる紀元前十六世紀（または十三世紀とも）ころに活躍したとされる古代イスラエルの民族指導者。神の命令によって奴隷状態だったヘブライ人を連れてエジプトから脱出し、救ったとされる。

新しい村を建設しようとしている場所が、先住民であるネイティブアメリカンの縄張《なわば》り近くにあるため、どうしても許可をもらう必要があったのである。フランクは、金探しの途中で知り合った日本人で、ネイティブアメリカンと親しいと聞いていたジョージ大島に頼み、了解を得るための話し合いの場を設け、交渉の結果、新たな土地に移り住むことが出来ることになった。新しい村には「ビーバー村」と名付けられた。

こうしたフランク安田の決して諦めない努力は、その後も人々に受け継がれ、ビーバー村と石巻の交流は続いている。

なお、フランク安田の活躍は、一九七四年（昭和四十九）に小説家の新田次郎が長編小説『アラスカ物語』として発表、一九七七年（同五十二）には、北大路欣也主演で映画化されている。新田は、小説執筆に当たって何度も現地に足を運んで取材を重ねたという。

飢餓《きが》に苦しむイヌイットのために新天地を開き、「ジャパニーズ・モーゼ」と呼ばれたフランク安田。彼の残した偉業は、日米の親善にも一役買っているのは間違いないだろう。

13 及川 甚三郎（おいかわ・じんざぶろう）

新しがり屋の及甚が実業家として成功

及川 甚三郎

及川甚三郎（おいかわ・じんざぶろう）は、一八五五年（安政《あんせい》二）、登米《とめ》郡鱒渕《ますぶち》村（現登米市東和町米川《とうわちょうよねかわ》）に農家の三男として生まれた。甚三郎は二十一歳で及川家の婿養子《むこようし》となり、家業の川運送業の仕事を始めた。二年後には北上川を利用し、約四十キロ離れた河口の石巻まで大量の炭を運ぶ仕事を任されるようになった。

ある夏の暑い日に、甚三郎は飯屋で氷を食べている船員の姿を目にした。そのころの甚三郎には、夏に氷があるということが信じられなかった。ところが、東京や大阪では冬に保存していた氷を夏に食べることが流行しており、その日も北海道から東京へ運ぶ途中の氷を船員が飯屋に持ち込んだということ聞き出した。甚三郎はじっとその氷を見つめていた。

カナダに渡った水安丸の模型

▼**川運送業（かわうんそうぎょう）**
川や運河などで、主に船を利用し、運賃をもらって人や物を運ぶ仕事。

▼**飯屋（めしや）**
ご飯などの飲食物を出す店。食堂。飲食店。

他の人なら驚きはしても、自分がその当事者になろうとはなかなか思わないものだが、甚三郎は思い立ったら、それを納得するまでやってみないと気が済まない性格だった。早速鱒渕《ますぶち》の氷を利用して製氷会社を立ち上げ、二十六歳の時には仙台でも名を知られる大きな会社に成長させた。三十一歳の頃には、長野県で機械製糸工場が作られ、製糸業が盛んになっていることを聞きつけた。ここでも生糸の将来性を見込んで早速長野県まで足を運び、製糸用の機械を買い入れ、技術者まで連れてくることを決めた。一年後には宮城県内で初めての製糸工場を設立。蚕《かいこ》の餌《えさ》となる桑《くわ》の苗を無償《むしょう》で農家に配布し、繭の生産量を増やすなどの工夫を行ない、仙台や石巻に関連会社を設置、大きな利益を上げるようになる。甚三郎は、「新しがり屋の及甚《おいじん》」「製糸工場の及甚」「氷屋の及甚」「川運送の及甚」などと呼ばれ、実業家として成功するとともに、地域の産業を発展させることにも貢献した。

カナダに渡り、登米地方の人々を救う

甚三郎が四十二歳のとき、知り合いの佐藤惣右衛門からこんな話を聞いた。

▼生糸（きいと）
蚕の繭から取った繊維をより合わせて糸にしたもの。まだ織物にしない状態の絹糸。

▼製糸工場（せいしこうじょう）
糸を生産する工場。特に繭玉から生糸を製造する工場。

▼繭（まゆ）
主に蛾が活動を休止した際に口から繊維質の糸を出し、体の周囲を包み込んで保護する俵型や隋円形をした覆い。蚕の繭は生糸の原料となる。

東和町米川にあった甚三郎の生家

▼**フレーザー川**（Fraser River）
カナダ西部のBC州を流れる川で、全長一四〇〇キロ、流域面積二二〇、〇〇〇平方キロメートル。「サカイサーモン」と呼ばれる紅ザケで有名。明治中期には宮城県のほか和歌山県からも多くの漁民がサケを求めて移民した。

BC州を流れるフレーザー川

▼**サケ（鮭）**
サケ目サケ科サケ属の魚。秋になると川を遡上し、上流部の砂底に産卵した後、死ぬ。体長は約九〇センチ。肉は淡紅色で美味。塩引

「カナダのフレーザー川では、たくさんのサケがとれるが、卵はすべて捨ててしまうそうだ」。その話を聞くと、「えっ、本当か？」と甚三郎は大きく目を見開いた。そして、そのまま一点を見つめ、じっと考え込んでいた。日本ではサケの卵は高級食材の筋子《すじこ》、イクラとして賞味《しょうみ》されていたからである。

甚三郎はチャンスがあれば、カナダに渡ってサケ漁をやってみようという気持ちが大きく膨《ふく》らんでいった。やがてその思いが抑えきれなくなり、家族や周囲の反対を押し切り、氷屋や製糸工場の事業をすべて親戚《しんせき》に任せ、たった一人で海を越え、カナダに行くことにした。太平洋を二十日間かけて横断し、カナダ西海岸のBC州にあるバンクーバーに着いた。しかし、現地で落ち合うことにしていた佐藤惣右衛門とは会うことができなかった。だが、船の中で知り合った牧師の助けで、通訳を見つけてもらい、通訳とともにフレーザー川の近くの町にたどり着くことができた。甚三郎はすぐに缶詰工場に足を運んだ。佐藤から聞いていた通り、サケの卵が利用されないまま捨てられていることを自分の目で確かめた。そして、目の前に大きなチャンスが広がっていることを確信した。

甚三郎は、いつものように入念にカナダのサケ漁の事情を調べた。どうしたら

サケを捕獲する許可が得られるのか、工場を建設するためにはどうしたらよいのかなど、言葉の壁もあって、日本で会社をつくるよりも難しいことばかりだった。だが、そこで諦めるような甚三郎ではなかった。持ち前のチャレンジ精神に灯がついた。甚三郎はサケ漁の経験はなかったが、バンクーバー南郊の漁師町スティーブストンで、約一年間は現地の様子やサケ漁について勉強した。そして、数隻の船と少しの土地を借り、丸太小屋を建てて日本人移民の仲間五人と、ようやくサケ漁が出来るところまでこぎつけた。

県北登米地方から多くの移住の道

甚三郎が四十七歳の頃には、日本からカナダへの移民も多くなり、バンクーバー近郊のフレーザー川にある中洲《なかす》、ドン島とライオン島を事業用として借りるまでになる。やがて、甚三郎を中心とする日本人移民の仕事ぶりが現地の人々にも認められるようになる。事業が軌道に乗り出すと、甚三郎は塩ザケやサケの卵を日本に輸出し、さらには醤油《しょうゆ》や味噌《みそ》、酒づくりまで手掛けるように

き・燻製・缶詰の原料として古くから利用されてきた。日本では卵が筋子やイクラとして珍重される。

▼BC州
カナダ西部の太平洋に面した州。正式にはブリティッシュ・コロンビア州。州都はバンクーバー島にあるビクトリア。面積はカナダ国内で第五位の九四四、七〇〇平方キロ㍍で日本の約二・五倍。南はアメリカのワシントン州に接する。

▼スティーブストン
バンクーバー市の南にあるリッチモンド市南西端にある漁村。フレーザー川河口部のデルタ地帯の一角をなす。ジョージア海峡に面し、かつてはサケの缶詰加工で栄えた。十九世紀後半から日本人移民が多く移り住むようになり、現在も大きな日系人コミュニティーがある。人口は約二万五千人（二〇一六年）。リッチモンド市は商業地域と住宅開発が盛んで、特に中国系の住民が多数を占める。

▼日露戦争（にちろせんそう）
一九〇四〜〇五年（明治三七〜三八）に日本と帝政ロシアとが旧満州・朝鮮の制覇を争った戦争。一九〇四年二月の国交断絶以来、旅順攻囲、奉天大会戦、日本海海戦などでの日本の勝利を経てポーツマス講和条約が成立。

▼バーノン市
BC州南部、バンクーバー市の北東約四四〇キロのオカナガン地域にある小都市。農業と林業が盛んだが、最近は観光にも力を入れている。人口約五万八千人（二〇一一年）。

水安丸の記念碑（登米市東和町・華足寺）

なる。ドン島はやがて「オイカワ島」と呼ばれるようになり、ライオン島は一緒に事業を始めた仲間の名前から「サトウ島」と呼ばれるようになった。

日本から来た人たちが、汗を流しながらも生き生きとして働いている姿を見て、甚三郎はあの時の自分の選択をしみじみと考えていた。カナダに渡って十年が過ぎたころ、甚三郎の古里の村が、赤痢の流行に加えて二年続きの不作に見舞われ、さらに日露戦争の影響により、食べ物にも困る状況にあることを知る。働いても働いても生活は苦しく、困窮《こんきゅう》するばかり。甚三郎は、村人たちを救いたいという一心で、カナダで共に働いてみないかと熱心に誘った。

甚三郎は村人を救いたいと、水安丸《すいあんまる》という中古の船を自費で用意し、八十二人の村人がカナダに渡る手伝いをした。数々の困難があったが、人々は熱心に働き、稼いだお金を古里に送金した。その後も登米地方からは多くの人々がカナダに移民するようになり、日本人のカナダ移住の道を開くきっかけとなった。

現在でも甚三郎の夢を追い続けた精神はカナダで語り継がれ、水安丸で太平洋を渡った人々と関係の深い人々がカナダ全土に住んでいる。特に、BC州バーノン市は、登米市の友好姉妹都市として交流を深めている。

カナダ移民たちの生活の様子（左）（右）

登米市とカナダの国際交流

登米郡東和町（現在は登米市東和町）の山間部にある米川軽米地区は、ゲンジボタルが飛び交う「ホタルの里」として知られる。地区内を流れる鱒渕川は水が綺麗で、ホタルの幼虫の餌となるカワニナが生息し、緑の鮮やかな里山が広がる。一方、カナダのバーノン市も山間部にあり農業が盛んな土地であり、現在暮らしている日系人の約八割が宮城県にゆかりのある人たちだという。及川甚三郎が活躍したカナダ第三の都市バンクーバーから北東に四四一キロ、車で約五時間の距離である。水安丸でカナダに渡った人たちと関係の深い人々も住んでいるという。

このような理由から、一九八六年（昭和六十一）に東和町はバーノン市と友好姉妹都市関係を締結した。そして、長年にわたって人的交流を中心とした活動が続いている。及川甚三郎は、まさに現在の登米市の国際交流のパイオニアと言える人物であろう。

14 牧野 富三郎（まきの・とみさぶろう）

ハワイの日系移民を率いて活躍

牧野 富三郎（イメージ）

牧野富三郎（まきの・とみさぶろう）（生没年不詳）は、江戸から明治へと日本が近代化に踏み出した幕末の頃、宮城県石巻に仙台藩士の子として生まれた。日本人初の海外移民として当時のハワイ王国（一八九八年にハワイ準州として米国に併合）に渡り、厳しい仕事や困難の中で、日本人の中心となって活躍した。

その当時の日本は、明治維新を目前にした幕末の混乱期に当たり、政治の在り方をめぐって国内では騒乱が各地で頻発《ひんぱつ》していた。このような時代、ハワイのカメハメハ四世国王から「日本とよりよい関係になっていくために、ハワイで仕事をしたい日本人を（移民として）受け入れたい」という親書が幕府に届いた。しかしながら、日本は国内の争いが続いていたため、交流を推し進め

▼ハワイ

アメリカ合衆国五〇番目の州。北太平洋のほぼ中央にあり、ハワイ海に連なるハワイ諸島からなる。先住民のポリネシア人は、西暦四〇〇年頃に移住したと考えられている。一八～一九世紀はカメハメハ王朝の支配下にあった。初期の主要産業であったサトウキビ栽培と精糖工場の労働者として、多数の日本人、中国人、フィリピン人などの移民が入植した。最も多いのが日本人で、その勤勉さから社会的地位が高く、各方面で活躍している。現在は観光と軍需が主要産業。パイナップルとサトウキビ栽培も盛ん。ワイキキ海岸とダイヤモンドヘッド、サーフィンで有名はノースショアなど世界的な観光地がある。

ていくことが出来ず、ハワイ国王からの申し出は実現しないまま時が過ぎて行った。

一八六六年（慶応《けいおう》二）、一人の米国人が来日した。彼の名前はユージン・ヴァン・リード。彼は元々、米国総領事館員として来日したが、いったん帰国後、ハワイ王国の駐日大使として再来日。幕府とハワイの国交締結に失敗した後も日本に残り、横浜で貿易商を開業した。その間、主に東北地方の諸藩と取引を行った。日本人をハワイに移住させ、仕事を斡旋《あっせん》すれば、ハワイ国王の思いとも一致する、商才に長《た》けたリードはそう考えるようになる。働くために外国に行くには、当然ながら旅券（パスポート）や査証《さしょう》（ビザ）が必要となる。当時の日本から外国に出かける人はほとんどいなかった時代、リードは旅券の発行や移民を送り出すための許可を幕府から取り付けることに成功した。

だが、時代は幕府から明治新政府へと移り、リードがせっかく取り付けた旅券発行や移民の許可も、ハワイと日本との正式な国交がないこと、許可を出したのは旧幕府であり、新政府ではないことなどから、横浜の裁判所は許認可を取り消す決定をした。リードは無効処分の取り消しなどを裁判所に申し立てた

▼カメハメハ四世（一八三四～一八六三）
ハワイ王国の第四代王。ホノルル生まれ。両親はともに王国の政治家。祖父はハワイ王国の建国者カメハメハ一世。

▼親書（しんしょ）
首相や大統領などその国を代表する人が、他の国を代表する人に宛てて自分自身で書いた手紙。

▼ユージン・ヴァン・リード（一八三五～一八七三）
オランダ系の米国人商人。駐日ハワイ総領事を務めた。明治初期に日本からの移民を初めてハワイに移住させたことで知られる。

▼総代（そうだい）
代表者。

▼四月二十五日
慶応四年四月二十五日は太陰暦（たいいんれき＝昔の暦）。太陽暦（現在使われている暦）では五月十七日。

▼仲裁（ちゅうさい）
争っている者の間に入ってとりなし、仲直りさせること。

労働者を輸送したサイオト号（『ハワイ移民の歴史』（島岡宏・国書刊行会より）

が、正式な許認可が得られないまま、移住者を乗せた英国船「サイオト号」の出航を強行した。その船の総代として乗り込んだのが、富三郎だった。

ハワイへ苦難の船旅

富三郎は、牡鹿《おしか》郡石巻村（現石巻市）の下級ながら武士の身分を持ち、教養と武道に長けた文武両道《ぶんぶりょうどう》の人物だった。新しいことに興味を持つ性格で、外国人が多く集まる横浜に出て、商人や労働者の代筆業《だいひつぎょう》をしたり、片言の英語が話せたことから、外国人との交流を持ったりしていた。そんな日々の生活の中で、ハワイへの出稼ぎの話が富三郎の耳に入った。「いつか異国で働いてみたい」、常々そう考えていた富三郎は、リードに協力していこうと考えるようになる。

一八六八年（慶応《けいおう》四）四月二十五日、サイオト号は百五十三人の日本人を乗せて、横浜港からホノルルに向けて出港した。途中、激しい嵐に遭《あ》い、船体が大きく揺れる中、船酔いのため五日間も食事が出来ないなど、苦しい船旅となった。米は積み込んでいたが、魚や野菜が不足し、満足な食事には程遠い状況だった。移民たちの中から、次第に不満の声が高まっていった。初めての長い船旅、しか

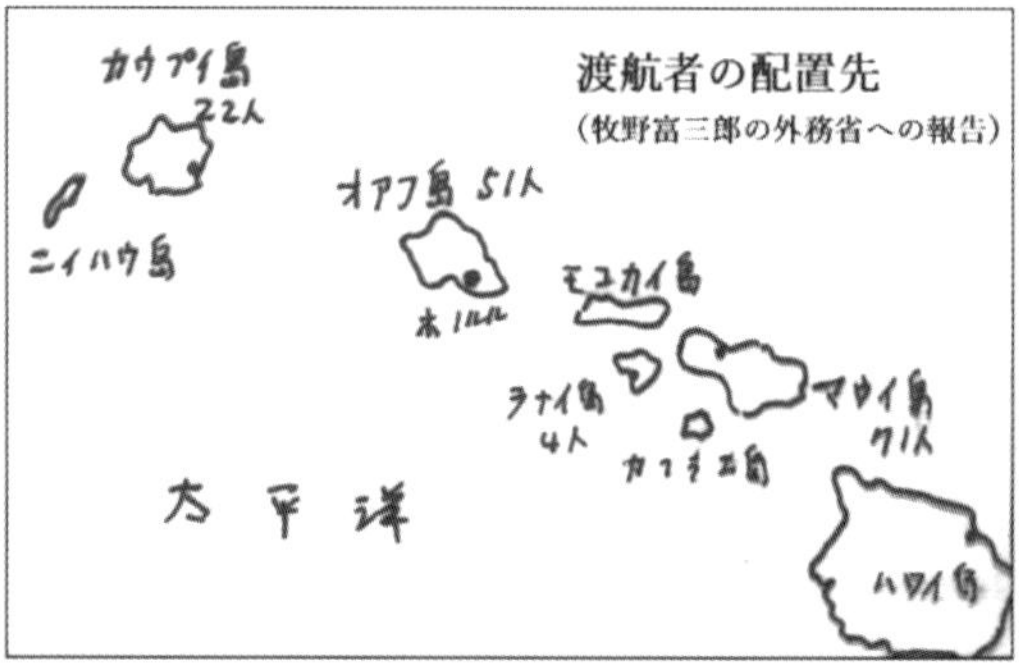

ハワイ諸島の各島に分かれた日本からの移民の人数（石巻法人会会報誌』

も、狭い船室での代わり映えのしない日々。イライラが募り、争い事が多くなった。富三郎は「私はこの人たちが無事ハワイに着くまで、支えていかなければならない」と自分に言い聞かせ、船内で起こる問題を辛抱強く、一つ一つ解決することに徹した。

そんな中で事件が起きる。中国人の料理人が文句を言いに来た日本人の言動に腹を立て、「殺してやる」と言って包丁を持ち出したのである。船内は大騒ぎになったが、富三郎は怯《ひる》むこともなく、「ここで争っても何も解決しない。皆で力を合わせ、無事にハワイに着くよう頑張っていこうではないか」と訴えた。いざこざはその後も続いたが、富三郎は根気強く苦情やもめごとの処理や仲裁に当たった。

はっきりした日数は不明だが、当時の横浜からホノルルまでの航海日数は二週間弱だったと思われる。無事ハワイに到着した富三郎たちは、地元の人々に大歓迎を受けた。「ハワイの人たちはなんて親切なのだろう。生活するための服や帽子もいただいた。仕事をして給料ももらって、何も不自由なく暮らすことが出来そうだ。ハワイに来ることを選んで本当に良かった」。富三郎は、移住のきっかけをつくってくれたリードに、ハワイに無事到着したこと、新しく始まった生活について報告書を送った。

サトウキビ畑の農作業に従事

しかし、現実はそう甘いものではなかった。ハワイでの仕事はそのほとんどがサトウキビ畑での重労働である。自分から望んで仕事を求めてハワイに来た人たちだったが、あまりの過酷《かこく》さに愕然《がくぜん》とするばかり。日本とは気候も大きく異なり、照り付ける太陽の下での肉体労働は、すぐ体力を奪われた。現代なら熱中症予防に水分補給が大切となっているが、当時は暑い中で自由に水を飲むことも許されず、むしろ鞭《むち》を使って労働を強要されたり、乱暴されることもあったという。仲間の中には、亡くなる人もいた。このような状況が続いたことから、リーダーの富三郎の元には助けを求める声が次々と届くようになった。米西海岸のサンフランシスコの地元紙に、ハワイの日本人労働者が置かれた過酷な状況と厳しい生活の様子が大きく取り上げられたのはそんな時だった。この記事の内容を伝え聞いた明治政府は、ハワイに滞在中だった日本からの使節

▼サトウキビ（栽培）
　サトウキビを原料に製糖工場で精製する一連の産業。ハワイでのサトウキビ栽培は、一八三五年にカウアイ島のコロアで西欧人によって始まった。一八四八年にカメハメハ三世が土地の個人所有を認めたことで、プランテーションによるサトウキビの大規模栽培が始まった。しかし、西欧人がハワイに持ち込んだとみられる疫病によって原住民人口が激減し、これがハワイ王国が移民を受け入れるきっかけになった。一八八五年（明治十八）に明治政府が「官約移民（かんやくいみん）（政府が結んだ契約に基づく移民）」の募集を始め、一八九三年（明治二十六）にハワイ王国が終焉するまで、日本人移民はおよそ二万九千人に上った。移民は日本をはじめ中国、フィリピン、韓国、ポルトガル、プエルトリコなど世界各地に及ぶ。移民当初は、奴隷同然の扱いを受けたケースも珍しくなかったという。

▼上野景範（うえの・かげのり）（一八四五〜一八八八）
　明治期の日本の外交官。鹿児島県

出身。明治維新後にハワイの日系人移民問題などを担当。駐米、駐英、駐オーストリアなどの全権大使を歴任。

▼元年者（がんねんもの）

日本からハワイへの移民は、「元年者」「官約移民」「契約移民」などがある。「契約移民」は、一八九四年（明治二十七）に「官約移民」が廃止されると同時に、弁護士の星亨が日本政府に働きかけて民間の移民会社が認可され、これ以降は民間会社の斡旋による「契約移民」が行なわれるようになった。

元年者が建てたハワイの日系人住居
（『ハワイ移民の歴史』島岡宏・国書刊行会より）

の一人、上野景範に希望する者は日本への帰国を認めるようハワイ王国と交渉することを命じた。この交渉を行う上で、富三郎がそれまで日本へ送った報告書や手紙に書いた現地の情報が役に立つことになる。交渉の結果、病人と帰国希望者を合わせて四十人ほどが帰国できることになった。

ハワイでの仕事は、契約期間が三年だった。ハワイに来てから三年が経とうとする頃、富三郎はハワイに残った仲間一人一人に話を聞き、今後の生活について相談にのった。つまり、このままハワイに残るか帰国するかである。大半の仲間はハワイに残る道を選んだ。こうして、日本人として最初のハワイ移民が誕生した。この人たちはその後、「元年者」と呼ばれるようになる。ハワイに渡った年がちょうど明治元年だったからだ。

三年が過ぎて、多くの日本人はハワイでの生活に満足感を得られるようになった。富三郎の目にはそう映った。これでハワイに根を張れる、そういう思いがこみ上げていたに違いない。その時、これまで自分が取り組んできたことが間違いではなかったことを確信した。総代としての役目を終えた富三郎は、その後、西海岸のサンフランシスコに渡った。これ以降の彼の足取りは不明である。

15 横尾 東作（よこお・とうさく）

パラオ　南洋移民の道

横尾 東作

横尾東作（よこお・とうさく）（一八三九〜一九〇三）。仙台藩下新田村（現宮城県加美《かみ》郡加美町）の村医横尾家に生まれた。パラオなどの南洋貿易に乗り出した探検家。享年六十五歳。

横尾は仙台で漢儒者《かんじゅしゃ》新井雨窓に漢籍《かんせき》を、江戸で幕府大学頭の林学斎《はやしがくさい》に経済を学び、福沢塾、さらに横浜で英語を学んだ。日本初の国語辞典『言海《げんかい》』を編《へん》纂《さん》した大槻文彦も横浜に来て東作の世話になっている。一八六八（慶応《けいおう》四）、養賢堂で英語教授となるが、新潟開港のため開港会議所で会津、米沢藩士らと外国人の応援に当たった。

奥州での戊辰戦争が始まると、同盟諸藩は欧米列強《れっきょう》に「奥羽越列藩同盟《おううえつれっぱんどうめい》」結成の真意を伝え、中立を促す趣意書《しゅいしょ》を発することになった。その密命《みつめい》を受けた

▼新井雨窓（あらい・うそう）（一八一三〜七五）
江戸後期〜明治初期の儒者（じゅしゃ）。仙台藩主伊達慶邦侍講。藩校養賢堂の学頭。

▼大槻文彦（おおつき・ふみひこ）（一八四七〜一九二八）
国語学者。磐渓の第三子。著『広日本文典』『口語法別記』など。

▼戊辰戦争（ぼしんせんそう）
一八六八年（慶応四・明治元、戊辰の年）から翌年まで行われた新政府軍と旧幕府側との戦いの総称。戊辰の役。

▼奔走（ほんそう）
物事の実現に向けて走り回って努力すること。

横尾らは、新潟から横浜へ密航し、商人に変装して潜行《せんこう》奔走の末、通商条約を結んでいる十一ヵ国の駐日領事すべてに同盟の正当化を記した「布告文《ふこくぶん》」を届けた。これにより列強《れっきょう》が軍事介入《ぐんじかいにゅう》する危険を取り除くことに成功した。

さらに旧幕府の軍艦奉行榎本武揚を訪ね、新潟港防衛のため艦隊出動を要請した。こうした動きを知った大総督府は、新政権を危うくしかねないと、横尾の首に五百両（今の価値で一千万円以上）の懸賞金《けんしょうきん》を付けて江戸中を探索した。その厳しい手配を潜《くぐ》り、使命をやり遂《と》げた横尾は、知略《ちりゃく》・胆力《たんりょく》（度胸《どきょう》）共に優れた武人《ぶじん》と言える。戦後、保釈された横尾は、東京府少属（税務署）に勤務したものの、「賊軍《ぞくぐん》」呼ばわりされ、不満を募らせて職を辞した。

一八七一年（明治四）、友人らと東京府早稲田に英学校「北門社《きたもんしゃ》（北門義塾《ぎじゅく》ともいう）」（早稲田大学の前身）を興して英語を教授し、ここから多くの人材を送り出している。その中には、後に世界的な英語学者となる斎藤秀三郎（仙台出身）もいた。

▼榎本武揚（えのもと・たけあき）（一八三六～一九〇八）
政治家。江戸生まれの幕臣。海軍副総裁。戊辰戦争の際、箱館五稜郭（ごりょうかく）で新政府軍に降伏。後に駐露公使としてロシア樺太・千島交換条約を結ぶ。諸大臣を歴任。子爵。

榎本 武揚

▼総督府（そうとくふ）
植民地の総督が政務を統括する役所。

▼斎藤秀三郎（さいとう・ひでさぶろう）（一八六六～一九二九）
明治・大正期の日本の英語学者、教育者。仙台市出身。

南洋探検隊を編成、出航

横尾は一八七六年（明治九）、警視庁に入る。西南戦争が起こると、横尾は宮城県と岩手県で旧藩士らに怨敵薩摩藩《おんてきさつまはん》を討つためと臨時巡査《りんじじゅんさ》の召募《しょうぼ》に励んでいた。一八八四年（同十七）警視庁四等警視となるが、薩摩・長州出身者だけが露骨《ろこつ》に要職《ようしょく》を占める薩長閥に我慢《がまん》できず、数年後辞任する。

横尾はかねてから外国書籍の翻訳《ほんやく》や親しい外国人を通じて海外情勢への関心を深め、欧米諸国が太平洋で植民地の拡大に狂奔《きょうほん》している状況を憂慮《ゆうりょ》していた。南方進出が日本の将来のために必要であると強く主張していた。

そんな時、戊辰戦争以来親交が深い榎本武揚《えのもとたけあき》から、スペインからマリアナ諸島などの譲渡交渉《じょうとこうしょう》を受けながら、日本政府は西南戦争もあってそのまま放置しているとの情報を得た。小笠原諸島は明治九年、日本の領土として確定していたが、それ以外の諸島は知られていなかった。横尾は早速、知己の海軍少佐や、北門社の友人らと会合を重ねた。横尾はマリアナばかりでなく、所属未確定の島々を開発する決意を固め、明治十九年、警視庁を辞して南洋開発の研究に没頭した。

▼西南戦争（せいなんせんそう）
一八七七年（明治十）、鹿児島士族（私学校）を中心に九州の士族が結集・決起し、西郷隆盛を擁立して起こした反政府の士族反乱。熊本県北西部の死闘で薩摩軍は敗北。改革を西郷に期待した士族は、以後自由民権運動に参加してゆく。

▼薩長閥（さっちょうばつ）
薩摩藩や長州藩出身や利害を共にする者が団結して結成する排他的な集団。

▼小笠原諸島（おがさわらしょとう）
八丈島の南方約七百キロの太平洋上に南北に散在する諸島。父島・母島・婿（むこ）島・硫黄の四列島から成り、東京都に属する。一五九三年（文禄二）小笠原貞頼の発見と伝えられ、一八七五年（明治八）日本の領有が確立。第二次大戦後、米国に施政権が移り、一九六八年（昭和四十三）日本に返還された。

▼知己（ちき）
自分の心をよく知っている人。

親友。また、単に知人。

▼火山三島（列島）（かざんさんとう）（れっとう）

北硫黄島・硫黄島・南硫黄島の三つ。

▼硫黄（いおう）

非金属元素の一種。黄色の樹脂光沢のあるもろい結晶で、火をつけると青い炎を上げて燃える。火薬・マッチ・ゴム製造のほか、薬・漂白用などに用いられる。

▼マリアナ諸島（しょとう）

西太平洋、ミクロネシア北部に位置し、サイパン・テニアン・グアムなど十五の島々からなる。主島サイパンには、日本統治領時代に南洋庁支庁があった。現在はグアムを除き、北マリアナ諸島としてアメリカの自治領になっている。

▼コロンブス（一四五一頃～一五〇六）

本名はクリストファー・コロンブス。探検家。航海者。奴隷商人。定説ではイタリアのジェノヴァ生まれ。大航海時代で、アメリカを発見したキリスト教世界の白人とされる。

明治二十年、私財を投げうって洋式の帆船《はんせん》を購入し、民間の探検隊を編成した。ところが、帆船は使えず、逓信《ていしん》大臣榎本の知遇《ちぐう》を得て灯台巡回船「明治丸」を借り、十一月、東京府知事や法制局課長など官民四十余名が同乗して念願の南洋探検に出航した。三宅《みやけ》島、八丈《はちじょう》島、小笠原《おがさわら》を経て、十月、波濤《はとう》の中に粟粒《あわつぶ》ほどの小島を発見した。その火山三島に初めて上陸、調査したところ、木は少なく水源もなかったが、硫黄は豊富だった。後の硫黄島《いおうじま》だった。

翌年、小笠原諸島、火山三島、マリアナ諸島などは海図付きで詳しく紹介される。新聞は横尾を「東洋のコロンブス」と大きく報じて大騒ぎとなり、著書『南洋群島獨案内』も好評を博した。これによって、小笠原以南への航路を拓《ひら》き、また後進たちの南洋進出に道を開いた。

東洋のコロンブス

外交に弱腰であった政府も、横尾の挙に動かされ、一八九一年（明治二十四）九月、勅命で「硫黄島」「北硫黄島」「南硫黄島」と命名し、日本の領土として

▼勅令（ちょくれい）
明治憲法下、帝国議会の協賛を経ず、天皇の大権により発せられた法令。緊急勅令、法律の施行細則、官吏の任免など。

▼パラオ
西太平洋ミクロネシアのカロリン諸島西端の小群島から成る共和国。第二次大戦まで日本統治領として南洋庁が置かれ、多くの日本人が移住した。戦後、アメリカの信託統治領を経て一九九四年独立。住民はミクロネシア系で、言語はパラオ語。面積は四八八平方キロ。人口約二万人。首都はマルキョク。

▼足尾銅山鉱毒事件（あしおどうざんこうどくじけん）
日本の「公害」の原点。栃木県の古河鉱業会社（現在古河機械金属）経営の足尾銅山から流失した鉱毒が、渡良瀬川下流域の広大な農地を汚染したため、被害農民が「鉱業停止」要求を政府に迫り、社会問題となった。

宣言した。火山三島の帰属《きぞく》は、英国の強引な主張もあって不明とされていただけに、正式に日本の領土となったことは大きく、私人が国土を拡張した功績は日本史上大きいと評価されるものである。

この前年の明治二十三年、横尾は「恒信社《こうしんしゃ》」を設立、社長に就任して南洋諸島の移住開発と貿易に乗り出した。サイパンやパラオ方面へと事業を拡げ、所有船が遭難《そうなん》するなどの危機も乗り越えた。後に足尾銅山鉱毒事件が起きると、横尾は外務大臣に鉱害地《こうがいち》の人々を天然資源に恵まれた南洋諸島に移住させる意見書を出し、海軍大臣に廃艦貸下げを要請した。

一九〇三年（明治三十六）六月、友人で元日本銀行総裁の富田鉄之助を訪ねた。この対談中、横尾は突然倒れ、翌日急逝《きゅうせい》した。移住計画の実現は、横尾の死によって実現しなかった。横尾は小身《しょうしん》の出でありながら、奥羽の危機に際して奔走《ほんそう》し、南洋開発に私財をすべて費やした。日本の国防と平和のために生涯にわたって尽くした功績は計り知れない。冒険心と進取《しんしゅ》の精神にあふれる新時代の先駆者《せんくしゃ》だった。（「りらく」）木村紀夫氏・二〇二〇年六月号参照）

▼富田鉄之助（とみた・てつのすけ）
（一八三五〜一九一六）

仙台藩小野村（現東松島市）出身。江戸で勝海舟の氷解塾で学ぶ。仙台藩の学費支給を受けて渡米。戊辰戦争後、新政府の国費留学生として再度渡米。明治五年、岩倉具視使節団が米国を訪れた際、大久保利通や伊藤博文の通訳を務める。帰国後、外交官として清国、英国に赴任。その後、日本銀行総裁や東京府知事、貴族院勅撰議員に推されている。

富田 鉄之助

図は海上保安庁ＨＰより一部加工

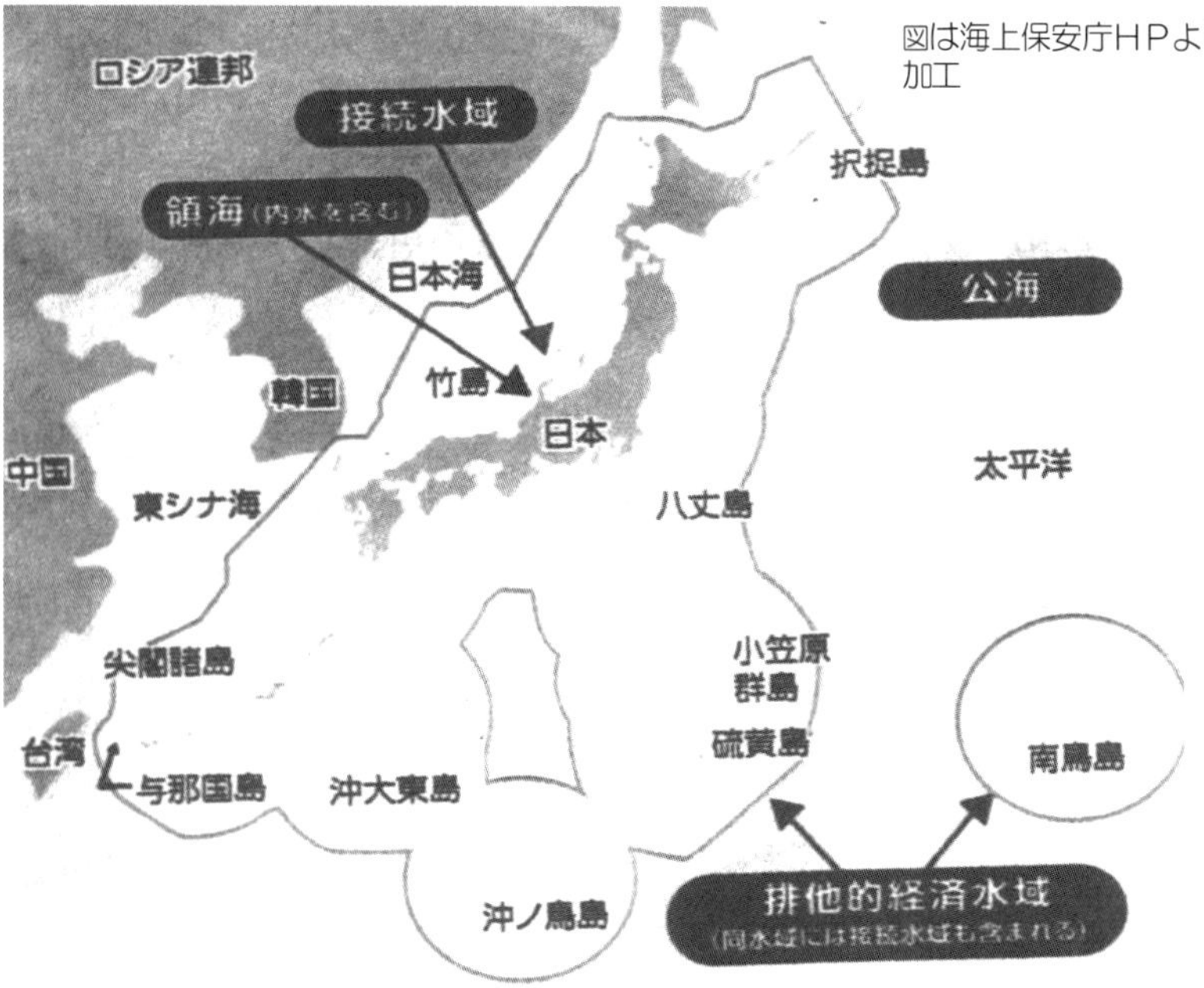

明治24年に日本領となった硫黄三島（木村紀夫「りらく」より）

明治丸は明治８年から灯台巡回船として活躍（東京海洋大学所蔵）

仙台領　代官所・町場・境目配置図

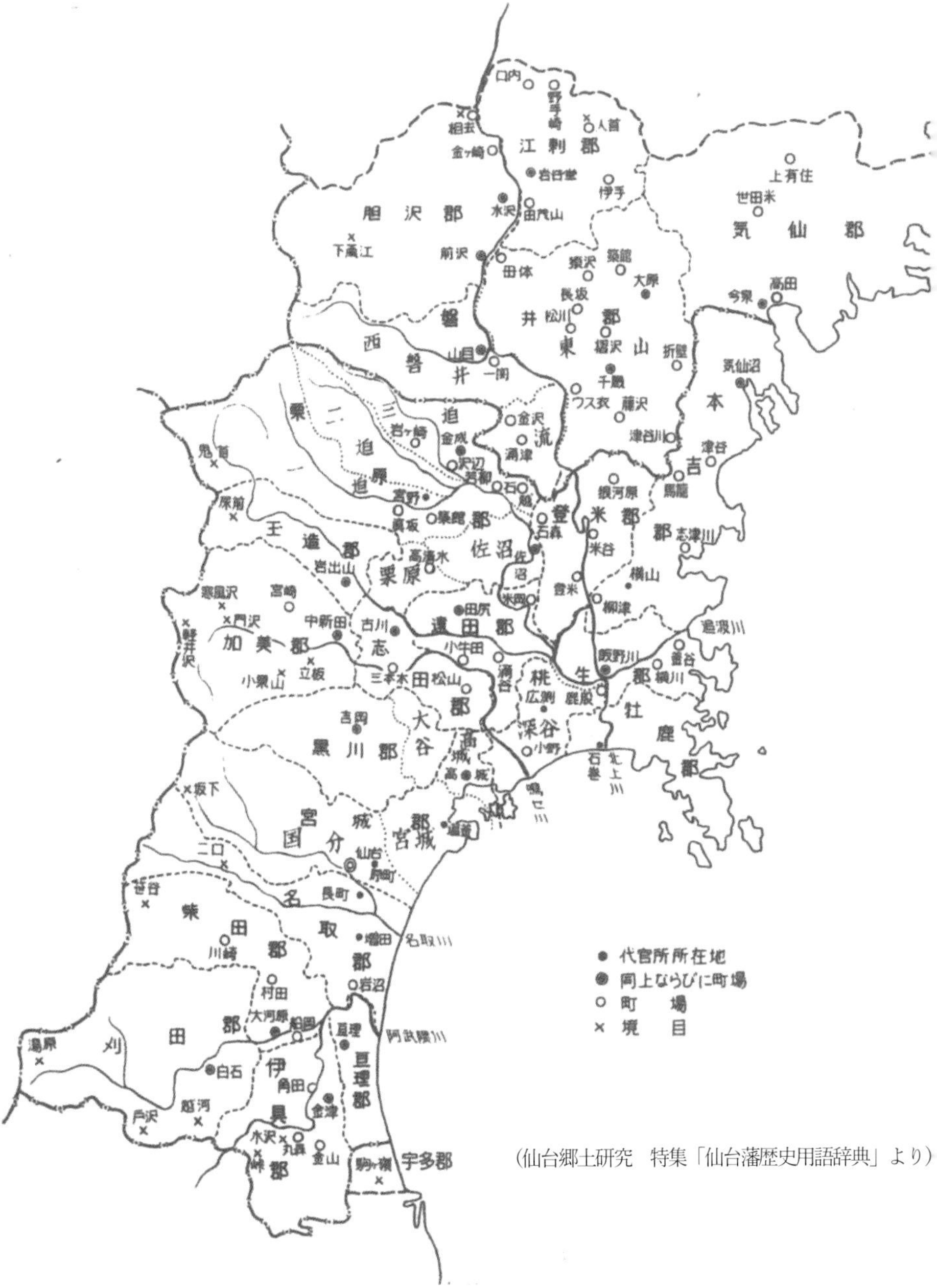

（仙台郷土研究　特集「仙台藩歴史用語辞典」より）

北上川・阿武隈川舟着場

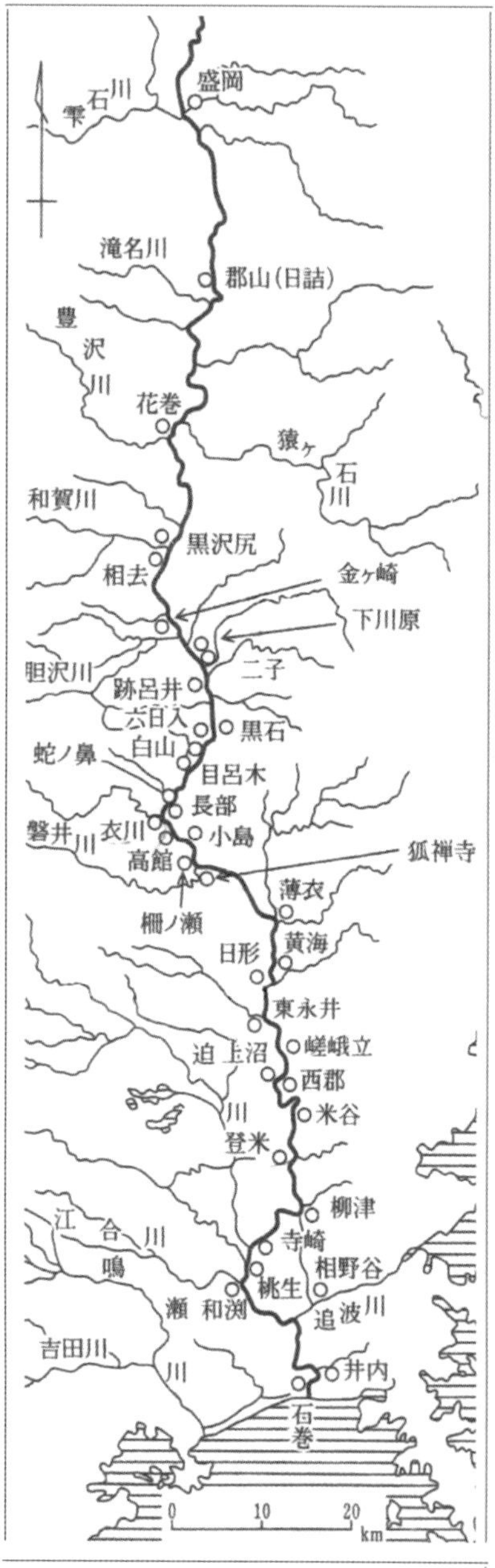

近世北上川の河港

阿武隈川下流域図

(仙台郷土研究会編『仙台藩歴史事典・改訂版』
より)

あとがき

あなたの座右の銘は何ですか？　と聞かれれば、三十代半ばころから『盛年重ねて来たらず』と敢えて述べてきたことを申し上げたい。

少々解説めいたことを記すと、「盛年重ねて来らず、一日再び晨（あした）なり難し、時に及んで當（まさ）に勉勵（べんれい）すべし、歳月は人を待たず」と、陶淵明《とうえんめい》集から引用させていただいた。賢明な読者の方々はすでにご存じだとは思うが、「若い盛りは一生のうちに二度とは来ない。若いうちに怠らず勉強し、その時代を空しく過ごしてはならない」という戒めのことばである。

実は、今から数年前、大阪府池田市にある尊敬する阪急王国・宝塚歌劇団の創立者・小林一三翁《いちぞう》（商工・国務相）の旧宅を訪ねる機会に恵まれた。瀟洒な邸宅内に入ると、飾り棚の中に小林氏自筆の色紙『盛年重ねて来らず』の書があるのを見つけ、驚くと同時に感動したのを鮮明に覚えている。今から百年以上も前に、尊敬する人が自分と同じ座右の銘を掲げていたとは、何という偶然であろうか。

私の幼少期、田舎町に自転車で時々やって来る小父さんの「紙芝居」を見たのが記憶に残る。高校生の時、映画監督を志し、上京した。後年、テレビ・出版等に多少係わるようになったのも、「紙芝居」が原点であったような気がする。

当書を出版するに当たっても、前著と同じように「見やすく」「読みやすく」「分かりやすく」、つまり〝三やすく〟をモットーに書きました。書中、誤字・脱字・不行き届きが多々あるかと思いますが、ご容赦の程お願いいたします。

当冊子を発行するに当たっては、仙台市博物館、河北新報社など個人を含めて多くの資料、写真等で参考にさせて頂きました。厚くお礼申し上げます。また、編集に当たっては、本の森の大内悦男氏にお世話になりました。深謝します。

令和3年3月

古田　義弘

参考文献

『仙台市史』近世2　仙台市史編纂委員会　昭和15年
『仙台市史』近世3　同　昭和16年
『仙台市史』近代1　同　平成20年
『仙台市史』現代2　同　平成25年
『宮城県史』宮城県　昭和41年
『宮城県百科事典』河北新報社　昭和57年
『石巻の歴史』石巻市　平成10年
『石巻市史』同　昭和41年
『宮城の女性』中山栄子　宝文堂　昭和48年
『海軍大将　井上成美』工藤美和寿　潮書房　平成30年
『河北新報』２０１９年12月　記事参照
『高平小五郎を追い求めて』平野恵一　富栄社　平成25年
『ニューヨークに輝く高平小五郎』同　平成19年
『黙移　相馬黒光伝』相馬黒光　平凡社　平成11年
『美濃部達吉と吉野作造』古川江里子　山川出版社　平成23年
『河北新報』記事（吉野作造）令和2年
『河北新報』記事参照　２０２０年6月
『仙台藩の戊辰戦争　幕末維新人物録』木村紀夫　荒蝦夷　平成30年
『支倉常長　歴史シンポジウム記録』西田耕三編　宮城スペイン協会
平成4年
『石巻若宮丸漂流民物語』石巻若宮丸漂流民の会編　令和2年
『みやぎの先人集　未来への架け橋』（一）宮城県教育委員会　昭和25年
『　同　』（二）同　昭和30年
『りらく』記事参照　木村紀夫　プランニング・オフィス　令和2年
『河北新報』記事参照　２０２０年
『仙台藩ものがたり』河北新報出版センター　平成14年
『桃生町史』桃生町　昭和60年
『東和町史』東和町　昭和6年
『中新田町史』中新田町　平成9年
『古川市史』古川市　平成9年
『登米町史』登米町　平成2年
『仙台郷土研究』仙台郷土研究会編
『大槻磐渓の世界―昨夢詩情のこころ』宝文堂　大島英介　平成16年3月
『せんだい歴史の窓』菅野正道　河北新報出版センター　平成23年10月
『一関市史』一関市　昭和5年
『岩手県史』岩手県　昭和37年
『日本近現代人名事典』臼井勝美編　吉川弘文館　平成2年
『宮城県の歴史散歩』宮城県高等学校社会科研究会歴史部会　平成19年
7月
『宮城日本の山河(44)　天と地の旅』昭和54年（株）図書刊行会
ものと人間の文化史(60)『日和山（ひよりやま）』南波松太郎　昭和63年
11月　(財)法政大学出版局
『仙台藩歴史事典』改訂版　仙台郷土研究会編　平成24年1月
『仙台藩歴史用語辞典』仙台郷土研究会　平成22年6月

宮城縣護國神社　各種ご祈願うけたまわります。

〒980-0862 仙台市青葉区仙台城本丸跡　TEL 022-223-7255

詳しくは　https://gokokujinja.org/kitou/omamori.html

歴史博物館　青葉城資料展示館 ご案内

仙台城CGシアター

展示室

■ 開館時間　9:00〜17:00（最終入館16:30）　年中無休

12月〜3月　9:00〜16:00（最終入館15:30）

※閉館時間は天候・人出具合などによって上記より前後することがあります。

■ 交通アクセス

◇地下鉄東西線「国際センター駅」より徒歩15分、

◇ループバス「るーぷる仙台」で「仙台城跡」下車、徒歩3分、

◇東北自動車道「仙台宮城IC」より約20分。

■ 入館料金

◇大人700円　中高生500円　小学生300円

〒980-0862 仙台市青葉区仙台城本丸跡　TEL 022-227-7077　FAX022-222-0249

詳しくは　http://honmarukaikan.com/

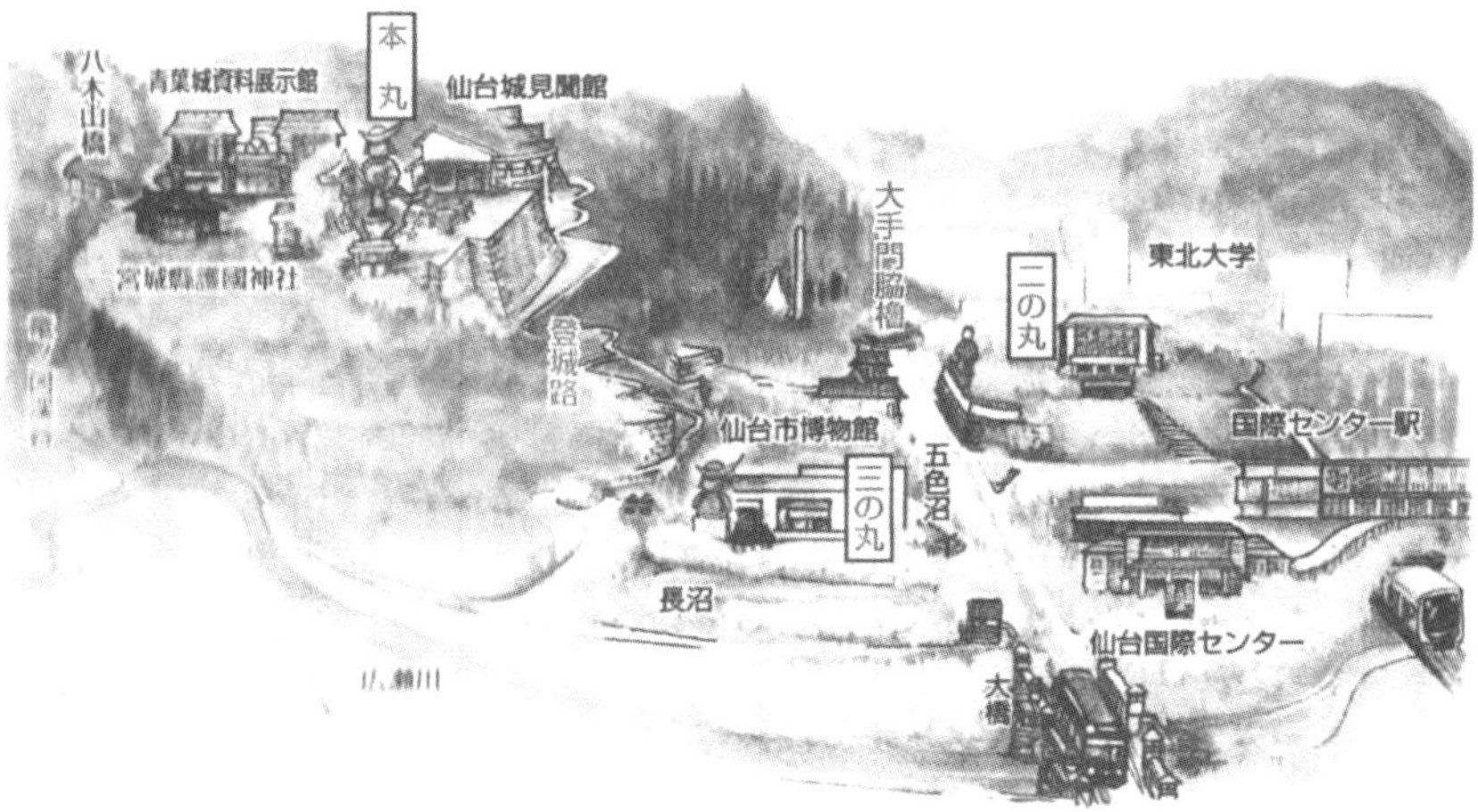

仙台市博物館ご利用案内　Information

□開館時間　9：00～16：45（入館は16：15まで）
□休 館 日　月曜日（祝日・振替休日の場合は開館）
　　　　　　祝日・振替休日の翌日（土・日曜日・祝日は開館）
　　　　　　12月28日～1月4日
□博物館ボランティア「三の丸会」による見学ガイドもあります。

交通アクセス
■駐車場あり
■仙台市地下鉄をご利用の場合
　地下鉄東西線「国際センター前」駅下車、南1出口より徒歩8分
■仙台市営バスをご利用の場合
　仙台駅西口バスプールより「るーぷる仙台」で20分、「博物館・国際センター前」下車、徒歩3分
■東北自動車道仙台宮城インターチェンジより約15分

入館料などのお問い合わせは仙台市博物館情報資料センターへ
TEL. 022（225）3074　http://www.city.sendai.jp/kyouiku/museum/

古田 義弘（ふるた・よしひろ）

郷土史研究家。
◎1936年1月岩手県一関市に生まれる。岩手県立一関一高卒。
日本大学芸術学部中退。法政大学社会学部卒。東北大学教育学部・
同工学部研究生修了。
◎仙台郷土研究会員。歴史研究会員。「政宗公ワールド」プロジェクト前理事長。住宅問題評論家。
元東北福祉大学教授。元フルタプランニング社長。元東北ハウジング・アカデミー学院長。

宮城県教育庁生涯課講師。元杜の文化会議幹事代表。元修紅短期大学非常勤講師。
◎テレビ／NHK・仙台放送（12年）・東日本放送（13年）・岩手放送（5年）・山形放送（2年）
で企画・出演（キャスター・解説）
◎ラジオ／NHK・東北放送（35年）・ラジオ福島（33年）・岩手放送（24年）・山形放送（12年）
◎著書：『仙台城下の町名由来と町割』『仙台八街道界隈の今昔』『仙台城下 わたしの記憶遺産』
『現代に生きる歴史上の人』『居は気を移す』『家は人を創る』『意識（こころ）はあなたを変える』

『宮城県百科事典』（共著 河北新報社）『仙台圏 分譲地と住宅の案内』『吾が道 一を以って貫く』

『仙台市史』（現代2 共著）『伊達な文化の伝承と記憶』『仙台領に生きる郷土の偉人傳 Ⅰ』等。

仙台領に生きる　郷土の偉人傳　Ⅱ

2021年4月3日　初版発行

編著者　古田 義弘
発行者　大内 悦男
発行所　本の森
仙台市若林区新寺一丁目5－26－305（〒984-0051）
電話＆ファクス022（293）1303
Email　forest1526@nifty.com
URL　http://honnomori-sendai.cool.coocan.jp

表紙・イラスト　古田 義弘

印　刷　共生福祉会　萩の郷福祉工場

定価は表紙に表示しています。落丁・乱丁本はお取替え致します。

ISBN978-4-910399-02-7